Emanuel Geibel

Anthologie aus den Gedichten

Emanuel Geibel

Anthologie aus den Gedichten

ISBN/EAN: 9783743648128

Hergestellt in Europa, USA, Kanada, Australien, Japan

Cover: Foto ©Thomas Meinert / pixelio.de

Weitere Bücher finden Sie auf **www.hansebooks.com**

Meyer's
Groschen-Bibliothek
der
Deutschen Classiker
für alle Stände.

("Bildung macht frei")

Einhundertneunundachtzigstes Bändchen.

Anthologie
aus den
Gedichten von Emanuel Geibel.

Mit Biographie und Portrait.

Hildburghausen:
Druck vom Bibliographischen Institut.
New York: Herrmann J. Meyer.

die Stelle eines Erziehers im Hause des russischen Gesandten, Fürsten Katakazi, zu Athen angetragen wurde. Er verließ im März 1838 Berlin und kam nach einer nicht zu hastigen Reise durch Süddeutschland und die Lombardei im Juni desselben Jahres zu Athen an. Nach Ablauf eines Jahres in fast gänzlich unabhängiger Stellung, nahm er hier mit erneutem Eifer die unterbrochenen philologischen und poetischen Studien auf. Im Herbste 1839 unternahm er mit seinem Freunde Curtius, einem Lübecker Schulgenossen, der schon länger in Griechenland gelebt hatte (später Erzieher der Söhne des Prinzen von Preußen), eine Reise nach den Cykladen, einer Insel im griechischen Archipel. Im Sommer 1840 kehrte er nach Deutschland zurück und veröffentlichte die Frucht jenes Aufenthalts, eine Reihe Uebersetzungen aus den altgriechischen Dichtern, betitelt: „Klassische Studien gemeinschaftlich mit Ernst Curtius" (Bonn 1840); auch gab er seine gesammelten „Gedichte" (Berlin 1840, 20. Auflage 1850) heraus. Von 1841 bis 1842 lebte Geibel auf des Freiherrn von der Malsburg bei Kassel gelegenem Gute Escheberg, indem er seine Zeit zwischen Uebertragung aus dem Spanischen und lyrischer und dramatischer Produktion theilte. („Zeitstimmen", Lübeck 1841; — „Volkslieder und Romanzen der Spanier; im Versmaße des Originals verdeutscht", Berlin 1843; — „König Roderich; Tragödie", das. 1844.) Von hier begab er sich wieder nach Lübeck. Im Begriff, zu einem sogenannten Brodstudium überzugehen und sich nach Spanien zu begeben, um dort seine Studien der romanischen Literatur fortzusetzen und sich für eine akademische Laufbahn auszubilden, versetzte ihn die Munifizenz des Königs von Preußen durch Verleihung eines Jahrgehalts, den er seit Neujahr 1843 erhebt, in die angenehme Lage, sich mit ruhigerm Sinn und freierem Umblick dichterischen Arbeiten hinzugeben. Im Frühjahr 1843 ging er zu Freiligrath nach St. Goar am Rhein, wo er einen poetischen Sommer verlebte. Den Winter verbrachte er in Stuttgart und Weinsberg. Im Sommer und Herbste des nächsten Jahres lebte er in Lübeck, Hannover und in Schlesien bei dem Dichter Strachwitz. Der Sommer 1845 führte ihn wieder nach Hannover und von da nach dem Harze, wo er in dem Klosterorte Ilefeld einige Wochen verbrachte. Hierauf abwechselnd in Berlin, Hamburg und Lübeck weilend und sich mehr, als bisher geschehen war, dem öffentlichen Leben mit seiner Poesie zuwendend, schrieb und veröffentlichte er: „König Sigurd's Brautfahrt; eine nordische Sage" (2 Auflagen, Berlin 1846); — „Zwölf Sonette" (an Schleswig-Holstein; Lübeck 1846); und die „Juniuslieder" (Stuttg. und Tübingen 1848; 4. Miniatur-Ausgabe 1849), worin mit Einschluß der beiden vorher genannten Erzeugnisse Alles enthalten ist, was er in der letzten Zeit Lyrisches und Episches zum Abschluß gebracht hat.

Mit Geibel sehen wir für die deutsche moderne Lyrik einen Abschnitt eintreten, von welchem an die Literaturgeschichte eine neue Periode wird zu beginnen haben. Nach den Phasen der zuerst konservativ-liberalen, dann radikalen **politischen** Richtung — vorbereitet durch das Element der Negation, der wildlustigen Verneinung alles Hohen und Heiligen, das an H. Heine seinen namhaftesten Vertreter fand; entwickelt zu jenem Geiste der Opposition, wodurch jene aus dem Gebiete der Moral auf das der Politik übertragen und die Poesie zur Trägerin der letztern gemacht worden ist — nach den Phasen des Socialismus und Kommunismus, wo die Lyrik, in der Fermentation des socialen Lebens der Gegenwart reichen Stoff findend, als eifrige Bundesgenossin der neufranzösischen Romantik, das Proletariat unter ihre Flügel nahm, aber nicht als Versöhnerin, sondern um den durch die Gesellschaft gebenden Riß zur Kluft zu erweitern: bildet zunächst die Geibelsche Lyrik noch vor dem Abschlusse der Gährungsperiode den Uebergang zur Phase der Humanität, jener versöhnenden Vermittelung der Widersprüche, woran die Menschheit krankt, die in Leben und Kunst so Noth thut und dem Zweck der Poesie, eine Verschönerin des Lebens zu seyn, so vollkommen entspricht. Geibel ist ein wahrer, vielbegabter Dichter, dessen ausgesprochenes Fach die Lyrik, vorzugsweise das Lied ist. Seine Phantasie nimmt keinen hohen Flug; nicht

Tiefe der Reflexion ist's, was wir in seinen Dichtungen bewundern können; die Elemente, deren die Koryphäen der Neuzeit sich mit solchem Erfolge bemächtigten, daß sie fast maßgebend für die Anerkennung in weiteren Kreisen geworden, sind bei ihm nur in geringem Grade vertreten — und dessen ungeachtet haben seine „Gedichte" in der kurzen Zeit von zwölf Jahren zwanzig Auflagen erlebt. Fragen wir, was ihn so populär gemacht haben mag, so ist es bei'm sprachlichen Wohlklang und dem Liebreiz der Form ohne Zweifel zunächst die Singbarkeit seiner Lieder, welche, getragen von den beliebtesten Komponisten unserer Zeit, so rasch die Runde durch ganz Deutschland machten; es ist seine reiche und vielseitige Geistes- und Gemüthsbildung, sein Streben nach Maß als der Grundbedingung des Schönen, die Klarheit und meisterhafte Durchführung der Gedanken, und ganz besonders noch eine empfängliche, seelenvolle Auffassung der Natur, eine gemütbreiche Beziehung gegebener Verhältnisse und Situationen auf die Individualität des Dichters, verbunden mit der gefälligen Gabe, den gebotenen Gegenstand von jener Seite zu fassen, die einer mehr weichen, als kräftigen Lyrik die besten Anhaltspunkte darbietet. Man sieht aus allen seinen Leistungen, daß seine edle Natur am Besten und Schönsten aller Nationen sich heraufgebildet hat und von ihm durchdrungen wurde. — In die politische Fronde hat er sich nur in so fern begeben, als es des Dichters

Beruf ist, die großen öffentlichen Erscheinungen seiner Zeit zu erfassen und ihr Organ zu werden, ohne jedoch außer Acht zu lassen, daß nur das wahrhaft Poetische, Ideelle, Beständige, Ewige im Zeitlichen, Gegenstand der Poesie seyn soll, nicht das Vorübergehende, Flüchtige, vom Augenblick Geborene. Tief abgeneigt allen destruktiven Tendenzen, aber begeistert für das Ewiggute, für die schöne lautere Menschlichkeit, für die Größe und Herrlichkeit des Vaterlandes, will er vielmehr „bauen, bilden und versöhnen".

Ausgewählte Gedichte.

Das sterbende Kind.

Wie doch so still dir am Herzen
Ruhet das Kind;
Weiß nicht, wie Mutterschmerzen
So herbe sind!

Auf Stirn und Lippen und Wangen
Ist schon vergangen
Das süße Roth;
Und dennoch heimlicher Weise
Lächelt es leise —
Leise
Küßt der Tod.

Minnelied.

Es gibt wohl Manches, was entzücket,
Es gibt wohl Vieles, was gefällt,
Der Mai, der sich mit Blumen schmücket,
Die güldne Sonn' im blauen Zelt.
Doch weiß ich Eins, das schafft mehr Wonne,
Als jeder Glanz der Morgensonne,
Als Rosenblüth' und Lilienreis;
Das ist, getreu im tiefsten Sinne,
Zu tragen eine fromme Minne,
Davon nur Gott im Himmel weiß.

Wem er ein solches Gut beschieden,
Der freue sich und sey getrost,
Ihm ward ein wunderbarer Frieden,
Wie wild des Lebens Brandung tost;
Mag alles Leiden auf ihn schlagen:
Sie lehrt ihn nimmermehr verzagen,
Sie ist ihm Hort und sichter Thurm;
Sie bleibt ihm Labyrinth der Schmerzen,
Die Fackelträgerin dem Herzen,
Bleibt Lenz im Winter, Ruh' im Sturm.

Doch suchst umsonst auf irrem Pfade
Die Liebe du im Drang der Welt,
Denn Lieb' ist Wunder, Lieb' ist Gnade,
Die wie der Thau vom Himmel fällt.

Sie kommt wie Nelkenduft im Winde,
Sie kommt, wie durch die Nacht gelinde
Aus Wolken fließt des Mondes Schein,
Da gilt kein Ringen, kein Verlangen,
In Demuth magst du sie empfangen,
Als kehrt' ein Engel bei dir ein.

Und mit ihr kommt ein Bangen, Zagen,
Ein Träumen aller Welt versteckt;
Mit Freuden mußt du Leide tragen,
Bis aus dem Leid ihr Kuß dich weckt;
Dann ist dein Leben ein geweihtes,
In deinem Wesen blüht ein zweites,
Ein reineres voll Licht und Ruh';
Und todesfroh in raschem Fluthen
Fühlst du das eigne Ich verbluten,
Weil du nur wohnen magst im Du.

Das ist die köstlichste der Gaben,
Die Gott dem Menschenherzen gibt,
Die eitle Selbstsucht zu begraben,
Indem die Seele glüht und liebt.
O süß Empfangen, sel'ges Geben!
O schönes Ineinanderleben!
Hier heißt Gewinn, was sonst Verlust;
Je mehr du schenkst, je froher scheinst du,
Je mehr du nimmst, je sel'ger weinst du —
O, gib das Herz aus deiner Brust!

In ihrem Auge deine Thränen,
Ihr Lächeln sanft um deinen Mund,
Und all' dein Denken, Träumen, Sehnen,
Ob's dein, ob's ihr, dir ist's nicht kund.
Wie wenn zwei Büsche sich verschlingen,
Aus denen junge Rosen springen,
Die weiß, die andere roth erglüht.
Und keiner merkt, aus wessen Zweigen
Die hellen und die dunkeln steigen:
So ist's; du fühlest nur: Es blüht.

Es blüht; es ist ein Lenz tiefinnen,
Ein Geisteslenz für immerdar,
Du fühlst in dir die Ströme rinnen
Der ew'gen Jugend wunderbar,
Die Flammen, die in dir frohlocken,
Sind stärker als die Aschenflocken,
Mit denen Alter droht und Zeit;
Es leert umsonst der Tod den Köcher,
So trinkst du aus der Liebe Becher
Den süßen Wein: Unsterblichkeit.

Spät ist es, hinter dunkeln Gipfeln
Färbt golden sich der Wolken Flaum,
Tiefröthlich steigt aus Buchenwipfeln
Der Mond empor am Himmelssaum.
Der Wind fährt auf in Sprüngen, losen,
Und spielet mit den weißen Rosen,

Die wankend blühn am Fenster mir;
O säuselt, säuselt fort, ihr Lüfte,
Und tragt, getaucht in Blumendüfte,
Dies Lied und meinen Gruß zu ihr!

O stille dies Verlangen.

O stille dies Verlangen,
Stille die heiße Pein!
Zu sel'gem Umfangen
Laß' den Geliebten ein.
Schon liegt die Welt im Traume,
Blühet die duft'ge Nacht,
Der Mond im blauen Raume
Hält für die Liebe Wacht.
Wo zwei sich treu umfangen,
Da gibt er den hellsten Schein.
O stille dies Verlangen,
Laß' den Geliebten ein.

Du bist das süße Feuer,
Das mir am Herzen zehrt;
Lüfte, lüfte den Schleier,
Der nun so lang' mir wehrt;
Laß' mich vom ros'gen Munde
Küssen die Seele dir,
Aus meines Busens Grunde
Nimm meine Seele dafür —

O stille dies Verlangen,
Stille die süße Pein,
Zu sel'gem Umfangen
Laß' den Geliebten ein.

Die goldnen Sterne grüßen
So klar vom Himmelszelt,
Es geht ein Wehn und Küssen
Heimlich durch alle Welt;
Die Blumen selber neigen
Sehnsüchtig einander sich zu;
Die Nachtigall singt in den Zweigen —
Träume, liebe auch du!
O stille dies Verlangen,
Laß' den Geliebten ein!
Von Lieb' und Traum umfangen
Wollen wir selig seyn.

Wenn die Sonne hoch und heiter.

Wenn die Sonne hoch und heiter
Lächelt, wenn der Tag sich neigt,
Liebe bleibt die goldne Leiter,
Drauf das Herz zum Himmel steigt;

Ob der Jüngling sie empfinde,
Den es zur Geliebten zieht;
Ob die Mutter sie dem Kinde
Sing' als süßes Wiegenlied;

Ob der Freund dem Freund sie spende,
Den er fest im Arme hält;
Ob der hohe Greis sie wende
Auf den weiten Kreis der Welt;

Ob der Heimath sie der Streiter
Zolle, wenn er wund sich neigt,
Liebe bleibt die goldne Leiter,
Drauf das Herz zum Himmel steigt.

Sind die Sterne fromme Lämmer.

Sind die Sterne fromme Lämmer,
Die, wenn fern die Sonne scheidet,
Auf den blauen Himmelsfluren
Still die Nacht, die Hirtin, weidet?

Oder sind es Silberlilien,
Die den reinen Kelch erschließen,
Und des Schlummerduftes Wogen
Durch die müde Welt ergießen?

Oder sind es lichte Kerzen,
Die am Hochaltare funkeln,
Wenn der weite Dom der Lüfte
Sich erfüllt mit heil'gen Dunkeln?

Nein! es sind die Silberlettern,
Drin ein Engel uns vom Lieben
In das blaue Buch des Himmels
Tausend Lieder aufgeschrieben.

Die stille Wasserrose.

Die stille Wasserrose
Steigt aus dem blauen See,
Die Blätter flimmern und blitzen,
Der Kelch ist weiß wie Schnee.

Da gießt der Mond vom Himmel
All' seinen goldnen Schein,
Gießt alle seine Strahlen
In ihren Schooß hinein.

Im Wasser um die Blume
Kreiset ein weißer Schwan,
Er singt so süß, so leise,
Und schaut die Blume an.

Er fingt so süß, so leise,
Und will im Singen vergehn —
O Blume, weiße Blume,
Kannst du das Lied verstehn?

Rühret nicht daran.

Wo still ein Herz von Liebe glüht,
O rühret, rühret nicht daran;
Den Gottesfunken löscht nicht aus —
Fürwahr, es ist nicht wohlgethan.

Wenn's irgend auf dem Erdenrund
Ein unentweihtes Plätzchen gibt,
So ist's ein junges Menschenherz,
Das fromm zum ersten Male liebt.

O gönnet ihm den Frühlingstraum,
In dem's voll ros'ger Blüthen steht;
Ihr wißt nicht, welch' ein Paradies
Mit diesem Traum verloren geht.

Es brach schon manch' ein starkes Herz,
Da man sein Lieben ihm entriß,
Und manches duldend wandte sich,
Und ward voll Haß und Finsterniß;

Und manches, das sich blutend schloß,
Schrie laut nach Lust in seiner Noth,
Und warf sich in den Staub der Welt;
Der schöne Gott in ihm war todt.

Dann weint ihr wohl und klagt euch an,
Doch keine Thräne heißer Reu'
Macht eine welke Rose blühn,
Erweckt ein todtes Herz auf's Neu'.

Traumkönig und sein Lieb'.

Süß schlummert das Mädchen im Kämmerlein,
Gebettet auf reinlichem Pfühle;
Die Sommernacht hauchet würzig hinein
Mit ihrer erquickenden Kühle.

Am Fenster blühn die Rosen zumal,
Es duften so süß die Linden;
Kaum mag des Mondes goldner Strahl
Durch's Laub den Eingang zu finden.

Doch plötzlich stärker wird der Duft,
Glühwürmchen weben und flimmen,
Es rauschen die Blätter, es klingt die Luft
Von leisen melodischen Stimmen:

„Süß Lieb', süß Lieb', und wiege dich fein
Auf stillen Schlummerwogen,
Traumkönig will dein Liebster seyn,
Traumkönig kommt gezogen".

Da steht der Elf zu Häupten ihr,
Er schüttelt die Locken, die dunkeln,
Daß hell an seiner Krone Zier
Die Edelsteine funkeln.

Dann beugt er sich sanft auf die Holde herab,
Küßt Stirn und Lippen ihr leise,
Und zieht mit goldenem Zauberstab
Umher viel luftige Kreise.

Doch wie er sie weiter und weiter schlingt,
Da wird zum Palaste das Stübchen,
Drin ruhn, von fürstlichem Glanz umringt,
Traumkönig und sein Liebchen.

Aus purpurnen Polstern bereitet schwillt
Die prächtige Lagerstätte,
Von ferne dämmert die Lampe mild,
Zwei Pagen knieen am Bette.

Und drüben im silbernen Reifen schwingt
Ein Vogel sein farbig Gefieder,
Er schnäbelt sich sacht wie im Schlaf und singt
Ein Brautlied schmelzend hernieder.

So ruht Traumkönig bei'm Liebchen fein
In trau'ichem Küssen und Rosen,
Bis hell das Lager der Morgenschein
Bekränzt mit leuchtenden Rosen.

Da schwindet der Elfe von dannen sacht,
Rings ist der Zauber verflossen,
Und auch das Mädchen, das holde, erwacht,
Von lieblicher Scham übergossen.

Doch als sie aufschlägt die Augen klar,
Von langen Wimpern umsäumet,
Da seufzt sie, da preßt sie das Herz — es war
Ja Lieb' und Glück nur geträumet.

Der Zigeunerbube im Norden.

Fern im Süd' das schöne Spanien,
Spanien ist mein Heimatland,
Wo die schattigen Kastanien
Rauschen an des Ebro Strand;
Wo die Mandeln röthlich blühen,
Wo die heiße Traube winkt,
Und die Rosen schöner glühen,
Und das Mondlicht gold'ner blinkt.

Und nun wandr' ich mit der Laute
Traurig hier von Haus zu Haus,
Doch kein helles Auge schaute
Freundlich noch nach mir heraus.

Spärlich reicht man mir die Gaben,
Mürrisch heißet man mich gehn,
Ach, den armen, braunen Knaben
Will kein Einziger verstehn.

Dieser Nebel drückt mich nieder,
Der die Sonne mir entfernt,
Und die alten luſt'gen Lieder
Hab' ich alle faſt verlernt.
Immer in die Melodien
Schleicht der Eine Klang ſich ein:
In die Heimath möcht' ich ziehen,
In das Land voll Sonnenſchein!

Als bei'm letzten Erntefeſte
Man den großen Reigen hielt,
Hab' ich jüngſt das allerbeſte
Meiner Lieder aufgeſpielt.
Doch wie ſich die Paare ſchwangen
In der Abendſonne Gold,
Sind auf meine dunklen Wangen
Heiße Thränen hingerollt.

Ach, ich dachte bei dem Tanze
An des Vaterlandes Luſt,
Wo im duft'gen Mondenglanze
Freier athmet jede Bruſt,
Wo ſich bei der Zither Tönen
Jeder Fuß beflügelt ſchwingt,
Und der Knabe mit der Schönen
Glühend den Fandango ſchlingt.

Nein, des Herzens sehnend Schlagen
Länger halt' ich's nicht zurück;
Will ja jeder Lust entsagen,
Laßt mir nur der Heimath Glück.
Fort zum Süden! fort nach Spanien!
In das Land voll Sonnenschein!
Unter'm Schatten der Kastanien
Muß ich einst begraben seyn.

Zigeunerleben.

Im Schatten des Waldes, im Buchengezweig,
Da regt sich's und raschelt's und flüstert's zugleich;
Es flackern die Flammen, es gaukelt der Schein
Um bunte Gestalten, um Laub und Gestein.

Das ist der Zigeuner bewegliche Schaar
Mit blitzendem Aug' und mit wallendem Haar,
Gesäugt an des Niles geheiligter Fluth,
Gebräunt von Hispaniens südlicher Gluth.

Um's lodernde Feuer im schwellenden Grün,
Da lagern die Männer verwildert und kühn,
Da kauern die Weiber und rösten das Mahl,
Und füllen geschäftig den alten Pokal.

Und Sagen und Lieder ertönen im Rund,
Wie Spaniens Gärten so blühend und bunt,
Und magische Sprüche für Noth und Gefahr
Verkündet die Alte der horchenden Schaar.

Schwarzäugige Mädchen beginnen den Tanz,
Da sprühen die Fackeln in röthlichem Glanz,
Heiß lockt die Guitarre, die Cymbel erklingt,
Wie wilder und wilder der Reigen sich schlingt.

Dann ruhn sie, ermüdet von nächtlichen Reig n,
Es rauschen die Buchen in Schlummer sie ein,
Und die aus der glücklichen Heimath verbannt,
Sie schauen im Traume das südliche Land.

Doch wie nun im Osten der Morgen erwacht,
Verlöschen die schönen Gebilde der Nacht;
Laut scharret das Maulthier bei'm Tagesbeginn,
Fort ziehn die Gestalten. — Wer sagt dir, wohin?

Gondoliere.

O komm' zu mir, wenn durch die Nacht
Wandelt das Sternenheer,
Dann schwebt mit uns in Mondespracht
Die Gondel über's Meer.

Die Luft ist weich, wie Liebesscherz,
Sanft spielt der gold'ne Schein,
Die Cither klingt, und zieht dein Herz
Mit in die Luft hinein.
O komm' zu mir, wenn durch die Nacht
Wandelt das Sternenheer,
Dann schwebt mit uns in Mondespracht
Die Gondel über's Meer.

Das ist für Liebende die Stund',
Liebchen, wie ich und du,
So frieblich blaut des Himmels Rund,
Es schläft das Meer in Ruh'.
Und wie es schläft, da sagt der Blick,
Was nie die Zunge spricht,
Die Lippe zieht sich nicht zurück,
Und wehrt dem Kusse nicht.
O komm' zu mir, wenn durch die Nacht
Wandelt das Sternenheer,
Dann schwebt mit uns in Mondespracht
Die Gondel über's Meer.

Abendfeier in Venedig.

Ave Maria! Meer und Himmel ruhn;
Von allen Thürmen hallt der Glocken Ton;
Ave Maria! Lasst vom ird'schen Thun,
Zur Jungfrau betet, zu der Jungfrau Sohn,

Des Himmels Schaaren selber knieen nun
Mit Lilienstäben vor des Vaters Thron,
Und durch die Rosenwolken webn die Lieder
Der sel'gen Geister feierlich hernieder.

O heil'ge Andacht, welche jedes Herz
Mit leisen Schauern wunderbar durchdringt!
O sel'ger Glaube, der sich himmelwärts
Auf des Gebetes weißem Fittig schwingt! —
In milde Thränen löst sich da der Schmerz,
Indeß der Freude Jubel sanfter klingt. —
Ave Maria! Wenn die Glocke tönet,
So lächeln Erd' und Himmel mild versöhnet.

Der junge Tscherkessenfürst.

Sie haben mir gesagt: Komm' her, du Sohn der
    Steppe,
Komm' her und küß' im Staub des Zaren Purpur-
    schleppe,
Der Lohn ist groß, die That ist klein;
Du sollst geschmückt alsdann dem Herrn zur Linken
    reiten,
Es soll dein kecker Fuß auf Bauernstirnen schreiten,
Der Höchsten einer sollst du seyn.

Was frommt dir steter Kampf mit ruhelosen
 Zügen?
Wir lehren dich, wie leicht im wechselnden Ver-
 gnügen
Dahin das rasche Leben rollt;
Wir wollen dir ein Haus mit prächt'gen Sälen
 bauen,
Dein Stall sey voll Geweih'r, dein Schlafgemach
 voll Frauen,
Dein straffer Säckel schwer von Gold.

Des Köstlichsten soll nie dein reicher Tisch bedürfen,
Du sollst von Epernay den Schaum der Traube
 schlürfen
Aus hellgeschliffenem Krystall,
Und wenn der Abend naht, den leichten Rausch
 zu enden,
So sey sie dir gewährt die Wollust, zu ver-
 schwenden
Bei Kartenspiel und Würfelfall.

Du sollst auf prächt'gem Ball, wenn tausend Ker-
 zen funkeln,
Mit deiner reichen Tracht, mit deinem Wuchs ver-
 dunkeln
Der Kronbeamten stolzen Schwarm,
Auf Wellen der Musik sollst du dich jauchzend
 wiegen,
Und sporenklingend durch den Saal im Tanze
 fliegen
An einer Fürstentochter Arm.

Bei'm Lager sollst du schaun, wie sich im Flinten-
feuer
Die Regimenter drehn, vielfüß'ge Ungeheuer,
Auf denen hoch die Fahne schwankt;
Die Trommel wirbelt dumpf, das Feldhorn läßt
sich hören,
Die Batterie fällt ein mit ihren Donnerchören,
Daß unter ihr der Boden wankt.

Ja mehr der Wunder noch — groß ist die Macht
des Zaren,
Du sollst auf einem Schiff mit Doppelrädern
fahren,
Von keines Tauwerks Last beschwert,
Es bietet Trotz dem Strom und Trotz dem Sturm-
geheule,
Wenn drin die Esse glüht, und wenn aus schwar-
zer Säule
Der Gischt des Dampfes brausend fährt.

Das Alles bieten wir, — nur laff' die blut'gen
Horden,
Laff' Steppe, Krieg und Zelt; komm' reuig her
zum Norden,
Und vor dem Herrscher beuge dich. —
Ich aber wandte mich bei ihrer Worte Hadern,
Es schwoll der rothe Zorn empor in meinen
Adern —
Der Zar ist nur ein Fürst wie ich.

Kasan hat seine Frau'n schneeweiß mit schwarzen Locken,
Moskau hat seinen Kreml und Kiew seine Glocken,
Und Petersburg hat mehr als das;
Doch böten sie mir auch die Wunder aller Fremde;
Nicht käuflich sind mir d'rum mein schuppig Panzerhemde,
Und meine Freiheit und mein Haß.

Friedrich Rothbart.

Tief im Schooße des Kyffhäusers,
Bei der Ampel rothem Schein,
Sitzt der alte Kaiser Friedrich
An dem Tisch von Marmorstein.

Ihn umwallt der Purpurmantel,
Ihn umfängt der Rüstung Pracht,
Doch auf seinen Augenwimpern
Liegt des Schlafes tiefe Nacht.

Vorgesunken ruht das Antlitz,
D'rin sich Ernst und Milde paart,
Durch den Marmortisch gewachsen
Ist sein langer, goldner Bart.

Rings wie ehr'ne Bilder stehen
Seine Ritter um ihn her,
Harnischglänzend, schwertumgürtet,
Aber tief im Schlaf, wie er.

Heinrich auch, der Ofterdinger,
Ist in ihrer stummen Schaar,
Mit den liederreichen Lippen,
Mit dem blondgelockten Haar.

Seine Harfe ruht dem Sänger
In der Linken ohne Klang,
Doch auf seiner hohen Stirne
Schläft ein kräftiger Gesang.

Alles schweigt, nur hin und wieder
Fällt ein Tropfen vom Gestein,
Bis der große Morgen plötzlich
Bricht mit Feuersgluth herein;

Bis der Adler stolzen Fluges
Um des Berges Gipfel zieht,
Daß vor seines Fittigs Rauschen
Dort der Rabenschwarm entflieht.

Aber dann wie ferner Donner
Rollt es durch den Berg herauf,
Und der Kaiser greift zum Schwerte,
Und die Ritter wachen auf.

Laut in seinen Angeln tönend
Springet auf das ehr'ne Thor,
Barbarossa mit den Seinen
Steigt im Waffenschmuck empor.

Auf dem Helm trägt er die Krone
Und den Sieg in seiner Hand,
Schwerter blitzen, Harfen klingen,
Wo er schreitet durch das Land.

Und dem alten Kaiser beugen
Sich die Völker allzugleich
Und auf's Neu' zu Aachen gründet
Er das heil'ge deutsche Reich.

Von des Kaisers Bart.

Am Schank zur goldnen Traube
Da saßen im Monat Mai
In blühender Rosenlaube
Guter Gesellen drei.

Ein frischer Bursch war jeder,
Der Eine am Gurt das Horn,
Der Zweit' am Hut die Feder,
Der Dritte mit Koller und Sporn.

Es trug in funkelnden Kannen
Der Wirth den Wein auf den Tisch;
Lustige Reden sie spannen,
Und sangen und tranken frisch.

Da war auch Einer drunter,
Der grüne Jägersmann,
Vom Kaiser Rothbart munter
Zu sprechen hub er an.

„Ich habe den Herrn gesehen
Am Rebengestade des Rheins,
Zur Messe wollt' er gehen
Wohl in den Dom nach Mainz.

Das war ein Bild, der Alte,
Fürwahr von Kaiserart,
Bis auf die Brust ihm wallte,
Der lange braune Bart."

In's Wort fiel ihm der Zweite,
Der mit dem Federhut:
„Ei, Bursch, bist du gescheite?
Dein Märlein ist nicht gut.

Auch ich hab' ihn gesehen
Auf seiner Burg im Harz;
Am Söller thät er stehen,
Sein Bart, sein Bart war schwarz."

Geibel.

Da fuhr vom Sitz der Dritte,
Der Mann mit Koller und Sporn,
Und in der Junker Mitte
Rief er in hellem Zorn:

„So geht mir doch zur Höllen,
Ihr Lügner! Glück zur Reis'! —
Ich sah den Kaiser zu Köllen,
Sein Bart war weiß, war weiß!"

Das gab ein grimmes Zanken
Um Weiß und Schwarz und Braun;
Es sprangen die Klingen, die blanken,
Und wurde scharf gehau'n.

Verschüttet aus den Kannen
Floß der vieledle Wein,
Blutige Tropfen rannen
Aus leichten Wunden drein.

Und als es kam zum Wandern,
Ging jeder in zornigem Muth,
Sah keiner nach dem andern,
Und waren sich jüngst so gut.

Ihr Brüder, lernt das Eine
Aus dieser schlimmen Fahrt:
Zankt, wenn ihr sitzt bei'm Weine,
Nicht um des Kaisers Bart.

Waldmärchen.

In einer Waldschlucht finster,
Wo heimlich baut der Fuchs,
Wo Farrenkraut und Ginster
Sich rankt in üpp'gem Wuchs,
Lag ich vom Grün umwoben
An einem dunklen Bach;
Es lugte kaum von oben
Die Sonn' in's Laubgemach.

Ich hatte Moos zum Pfühle,
Gestrüpp zur Lagerstatt;
Vom Fels kam eine Kühle,
Und ging durch Busch und Blatt;
Und kühle quoll der Sprudel,
Und murrt' am schroffen Hang,
Den oft bei Nacht im Rudel
Die Hindin übersprang.

Mit rothem Auge schaute
Vom Baum der Auerhahn,
Es zog mit heiserm Laute
Der Häher seine Bahn,

Dann hämmert abgebrochen
Der Specht von Zeit zu Zeit —
Mir war's, als hört' ich pochen
Das Herz der Einsamkeit.

Da plötzlich sah ich lehnen
Am Stamm ein hohes Weib,
Umwallt von lockigen Strähnen
Den wunderschönen Leib;
Wem ward zum Eigenthume
Je solch ein Goldgewand!
Sie trug eine blaue Blume
In ihrer weißen Hand.

Sie sprach: „Sey mir willkommen,
Du bist mir ein selt'ner Gast,
Doch hast du dir zum Frommen
Erkoren hier die Rast;
Von allen Königinnen
Die reichste bin ich bald,
Mein Schloß mit grünen Zinnen
Das ist der lust'ge Wald.

Sonst macht' ich wohl hinunter
In's offne Land den Ritt,
Und Blumen sproßten munter,
Wohin mein Zelter schritt;
Zu bringen Lust und Minne,
Das war mein fröhlich Recht;
Doch ist von andrem Sinne
Das heutige Geschlecht.

Das träumt von Klingenhieben,
Von Schlacht nur und Geschoß:
Da bin ich heimgeblieben
In meinem Zauberschloß.
Nun lehr' ich singend wallen
Den Bach durch Fels und Ried,
Nun lehr' ich Nachtigallen
Im Lenz ihr süßestes Lied.

Ich weiß, auch du mußt fechten,
Auch du gehörst der Zeit;
So steh zu deinen Rechten
Und führe wackern Streit;
Doch will dein Arm ermüden,
Bei mir dann kehre du ein,
Im säuselnden Waldfrieden
Sollst du gekräftigt sehn.

Da sollst du Frische saugen
Im harz'gen Duft vom Tann,
Da schaut aus Blumenaugen
Das Märchen fromm dich an;
Und macht der Forst dich singen;
Es wird in der Zeiten Gang
Auch solche Weise bringen
Wie grüner Waldhornklang."

Sie sprach's; ich stand erschrocken
Und wußte nicht ein Wort;
Da schüttelte sie die Locken
Und schwand in's Dickicht fort.

Noch glaubt' ich, ihr Haar das gelbe,
Zu seh'n — da war's ein Strahl,
Der durch das Laubgewölbe
Wie zitternd Gold sich stahl.

Und wieder schrie der Häher,
Und wieder quoll die Fluth!
Doch mir entzücktem Seher
War groß und still zu Muth.
Und zeih'n sie mir's als Sünde:
Ich lasse dich dennoch nie,
O Fey der Waldesgründe,
O Sagenpoesie!

Aus den Juniusliedern.

Sey getrost.

Sey getrost und ob die Stunden
Rascher Jugend dir verweht!
Hast du doch in dir gefunden,
Was uralternd fortbesteht,
Kannst du reizend doch gestalten;
Was der Geist dir reichlich gibt,
Kannst im Lied die Liebe halten —
Selig ist, wer schafft und liebt.

Nimmer nun des Segels Schwinge
Stell' ich aus in's weite Meer,
Denn gewaltig zieht die Dinge
Frommer Liebeszwang mir her,
Alle Wunder, die ich ferne
Suchte, trägt der Heimath Schooß:
Und so segn' ich meine Sterne,
Und so preis' ich still mein Loos. — —

Kriegslied.

Und wenn uns nichts mehr übrig blieb,
So blieb uns doch ein Schwert,
Das zorngemuth mit scharfem Hieb
Dem Trutz des Fremdlings wehrt;
So blieb die Schlacht als letzt Gericht
Auf Leben und auf Tod;
Und wenn die Noth nicht Eisen bricht,
Das Eisen bricht die Noth.

Wohlauf, du kleine Schaar, wohlauf,
Vertrau' auf Gott den Herrn!
Es geht ein Stern am Himmel auf,
Das ist der Freiheit Stern.
Als wie ein Frühlingssturm erbraust
Der Völker Aufgebot:
Da fährt an's Eisen jede Faust,
Und Eisen bricht die Noth.

Und ob der fremden Söldner Schaar
Wie Dünensand sich mehrt:
Getrost, je größer die Gefahr,
Je höher Herz und Schwert!
Und ob aus seiner Höllenburg
Der Teufel selber droht:
Ein kühner Muth geht mitten durch,
Das Eisen bricht die Noth.

Schon hallt des Feind's Trompetenruf,
Kanonen brummen drein —
Wohlauf, wohlauf mit raschem Huf
In seine Lanzenreih'n!
Es klingt der Stahl, es stürzt der Brand,
Die Bronnen springen roth —
So grüß' dich Gott, mein deutsches Land!
Das Eisen bricht die Noth. — — —

Die Sonnenblume.

O Rosen, die mit Ruhme
Ihr prangt mit Duft und Licht,
Ich bin die Sonnenblume,
Und ich beneid' euch nicht.

Des Falters flatternd Kosen,
Die Lieder im Gesträuch,
Der Menschen Lob — ihr Rosen,
Wie gerne gönn' ich's euch!

Mir schafft es volle Genüge,
Vom Himmelsthau getränkt
In meines Liebsten Züge
Zu schauen still versenkt.

Zum Sonnenjüngling richte
Das Haupt ich früh und spät,
Und nähre mich vom Lichte,
Das sein Gelock umweht.

Mein Auge bleibt dem Hohen
Auch dann noch zugekehrt,
Wenn er mit heil'gen Lohen
Zuletzt mich selbst verzehrt.

O sprecht, wie ließ' erwerben
Sich köstlicher Geschick,
Als so dahinzusterben
Sanft an des Lieblings Blick.

Drum blüht in eurem Ruhme,
Ihr Rosen wonniglich;
Ich bin die Sonnenblume,
Und selig bin auch ich.

Melusine.

Es wohnt das Mädchen Wunderhold
Mitten im Walde,
Was da webet und grünt und blüht,
Gehorcht ihr balde.

Und tritt sie früh aus ihrer Thür
Auf leichten Füßen,
Flattern die Vögel um sie her,
Die blauen Blumen grüßen.

Das fleckige Rehlein hält ihr still,
Lässet sich streicheln mit Nicken;
Sie hat gezähmt den jungen Wolf
Mit ihren holdseligen Blicken.

Singend über das thauige Moos
Schreitet die Holde,
Die Morgensonne wirft ihr um
Den Mantel von Golde.

O, wär' ich dann der klare Brunn,
Den sie zum Spiegel wählet!
Sie lacht hinein mit rothem Mund,
Wenn ihr Haar sie strählet.

Sie lacht hinein und singt dazu:
„O lustig Schweifen.
Mein Sinn ist wie der Wind, Wind, Wind,
Wer kann ihn greifen!

Und wie ein Schrein so ist mein Herz,
Nur fester, feiner.
Wo liegt der Schlüssel? Ich weiß es wohl,
Doch find't ihn keiner."

Der Troubadour.

1.

Da ich dich ließ, du wunderschönes Weib,
Vom dumpfen Stundenschlag hinweggetrieben,
Da schied von dir der staubgeborne Leib,
Doch ist die Seel' in deiner Haft geblieben.

Mein Sinnen, Sehnen, die Gedanken all'
Umflattern dich, verspottend Schloß und Riegel,
Ja selbst der Gaukler Traum ward dein Vasall,
Dein Bild allein noch zeigt sein Wunderspiegel.

So bin ich dein bei Tag, so bleib' ich dein,
Wenn Nacht und Schlaf auf meinen Wimpern
        liegen,
Du bist die Kerze stets, um deren Schein
Wie trunkne Falter alle Wünsche fliegen.

Du bist zugleich mir Muse und Gedicht,
Festklarer Stern im irren Weltgetriebe,
Luft meines Lebens — ach, und siehst es nicht,
Und ahnst es nicht einmal, daß ich dich liebe.

2.

Du bist so schön, ich wag' es nicht
Dich anzuschauen,
Du schlanke Lilie hoch und licht,
Im Kranz der Frauen:
Du Kön'gin sonder Hermelin,
Von deren Stirne Gnad' und Hoheit scheinen,
Du bist so schön — o laß mich vor dir knien,
Und stumm auf deine Füße weinen!

Ich kann die Wonne, kann den Schmerz
Nicht mehr verschweigen,
Ich kann nur flehn: Nimm hin dies Herz,
Es ist dein eigen.
Nimm's, deiner Huld werthlosen Raub,
Und blick' es an zwei selige Sekunden;
Dann wirf es hin und tritt es in den Staub,
Es hat des Heils genug gefunden.

Doch wisse, keines kann dir je
Wie dieses schlagen,
So weit beschwingt um Land und See
Die Winde jagen;

So weit das lichte Morgenroth
Dahinfleucht durch die Welt mit raschen Gluthen,
Ist keins wie dies bereit, in sel'gem Tod
Sein Daseyn für dich hinzubluten.

3.

O, weißt du, was den wilden Schwan
Treibt über's Meer in südlich Land,
Was aus dem Schacht zum Licht hinan
Das Bächlein zwingt durch Kies und Sand?
Kannst du es sagen:
Dann magst du fragen,
Was mich an deine Schritte bannt.

Dann magst du fragen auch, warum
Dies Auge brennt, das stets gelacht,
Warum der kecke Mund ward stumm,
Kein Becher mehr mich fröhlich macht,
Warum in Sorgen
Mich trifft der Morgen,
Und schlaflos die gestirnte Nacht.

Ich weiß nur das: Trüb oder froh,
Ein Schicksal ist's, ich gab mich drein;
In meinen Sternen flammt es so,
Und Lieb' ist Lieb' in Lust und Pein.
Drum duld' es stille,
Daß all mein Wille
Um dich sich dreht; nimm hin, was dein.

4.

O du, der Schönheit Fürstin stolz und hoch,
Du Räthselvolle, die kein Sinn erfaßt,
Du bist so kalt und zündest Flammen doch,
Und selbst so ruhig raubst du alle Rast.
Du machst mich irr an meines Herzens Schlag,
Mich selbst verlor ich, seit ich dich gesehn;
Schlaflose Nacht löst ab verträumten Tag
   Mit Zweifeln, Gluthen, Wehn —
Du aber lächelst fort, als wäre nichts geschehn.

Oft zweifl' ich, daß dir eine Seele ward,
Und wieder mein' ich dann, sie schlafe nur;
Und wer sie weck' aus ihren Träumen zart:
Ihr hold'stes Wunder zeige dem Natur;
Urplötzlich wie der Lenz kommt über Nacht,
So müss' aufquellend einst in jäher Lust
Dein Wesen all erblühn in Frühlingspracht,
   Wenn deine junge Brust
Zum ersten Male fühlt, wovon sie nie gewußt.

O dürft' ich der gefeyte Zaub'rer seyn,
Der so den Frost in Maienwonne kehrt,
Der deine Wange glühn in hast'gem Schein,
Dein Aug' in brünst'gen Thränen fluthen lehrt!
Dürft' ich der seyn, der dir die Seele gibt,
Die stummen Räthsel lösend deinem Sinn,
Der Sel'ge, den du liebst, weil er dich liebt —
   O, was ich hab' und bin.
Die eigne Seele halb, die ganze gäb' ich hin!

Verwegner Traum! Doch wie du immer seyst:
Mich treibt zu dir allmächtige Gewalt,
Gebannt in deine Kreise liegt mein Geist,
Ich kann nicht los, und thust du noch so kalt,
Du ziehst mich nach dir wie der Mond die Fluth,
Wie der Magnet das Eisen siegreich zieht;
Und ob du harmlos spielst mit meiner Gluth,
   Ob streng dein Auge sieht:
Mein unstät Herz ist dein, und dein mein dunk-
        les Lied.

5.

Streich' aus mein Roß, die Flanken hoch!
Die Meute bellt, es klingt das Horn,
Der Tag ist wild, doch wilder noch
Dein Reiter;
Es treibt durch Schnee, Gestrüpp und Dorn
Ihn rastlos, ruhlos weiter.

Ich habe getrunken einen Trank,
Lieb' heißt der Trank, und der war heiß;
Davon bin ich geworden krank
Im Herzen;
Mir will nicht kühlen Winters Eis,
Noch scharfer Sturm die Schmerzen.

Drum rasch, als könnt' ich flieh'n mein Weh!
Was schiert's mich, wenn die Sonn' entwich,

Schon färbt des Hirschen Schweiß den Schnee
Der Haide,
Ich jage das Wild, die Liebe mich,
Bis wir erliegen beide.

6.

Durch die erstorbnen Gassen,
Die kalt im fahlen Mondesschimmer liegen,
Durch Pfeilerhallen über Marmorstiegen
Schweif' ich umher verlassen,
Und denk' in Gram versenket
An dich, die meiner nimmermehr gedenket.

Wie unter schweren Lasten
Ein Mann vom Holzschlag keucht auf Waldes
Pfaden,
So seufz' ich mit des Kummers Wucht beladen
Der nicht vergönnt zu rasten,
Und weiter ohn' Ermatten
Mich forttreibt, umzugehn, mein eigner Schatten.

Und führt zu deiner Schwelle
Mein Weg mich, der da weiß von keinem Ziele;
Rankt meine Seele sich in leerem Spiele
Um die geliebte Stelle;
Ich steh gebannt, und weine
Brennende Thränen auf die kalten Steine.

7.

Wohl kenn' ich vom Beginne
Der Reigung Jahreszeiten,
Die Veilchen erster Minne
Brach ich, und brach die Rosen dann der zweiten.
Doch seit ich dich erkannt mit Geist und Auge,
War fürderhin kein Streiten
In dieser Brust, was mir zu lieben tauge.

Denn ein Gemüth tiefsinnig
Und spiegelklar zum Grunde,
Denn einen Leib so minnig,
Wie Gott ihn schafft in rechter Gnadenstunde,
Dazu den Geist, für jede Weisheit offen,
Die edlen Drei im Bunde
Hab' ich, o Herrin, nur bei dir betroffen.

O, dürft' ich all mein Wesen
Ergeben dir, du Hohe,
Wie würde da genesen
Zu süßem Heil dies Herz, das liederfrohe!
Nichts wüßt' ich, was mir beff're Lust gewährte,
Als meines Geistes Lohe
Zu schüren, daß der Schimmer dich verklärte.

Doch runzelst du die Brauen,
Und schämst dich meines Strebens;
Auch darin muß ich schauen
Gerechte Buße frühern Ueberhebens.

Einst hab' ich die mich liebte kalt betrübet,
Nun lieb' ich selbst vergebens —
Das ist die Minne, die Vergeltung übet.

So will vor deinem Zorne
Ich Flucht und Fahrt erküren;
Will mich an fremdem Borne
Erlaben, und will ruh'n an fremden Thüren,
Und statt des lust'gen Spiels der Minnesinger
Die Harfe will ich rühren,
Ein düstrer Pilgersmann mit rauhem Finger.

Du aber, hörst du ferne
Des Sängers dumpfe Töne,
Nur so viel Huld erlerne,
Daß ohne Haß dein Ohr sich dran gewöhne.
Und so fahr' wohl du, die ich trag' im Sinne,
Fahr wohl, du stolze Schöne!
Dies ist von mir das letzte Lied der Minne.

8.

Ich hab' es bei mir selber wohl erwogen
In einer langen schlummerlosen Nacht,
Daß Liebe, die mir Süßes viel gebracht,
Mich dennoch um mein bestes Glück betrogen.

Denn seit der Zeit, daß ihrer ich gepflogen,
Verlor ich Ruhe, Heiterkeit, Bedacht,
Bald war mein Sinn zu wilder Gluth entfacht,
Und bald in Schmerzen fernhinaus gezogen.

Darum beschloß ich sonder Ungeduld
Dem holden Reiz auf immer zu entsagen,
Und abzuthun der Neigung süße Schuld.

In Ruhe sollst fortan, mein Herz, du schlagen,
Und statt des Schattens flücht'ger Erdenhuld
Die Ewigkeit in deiner Tiefe tragen.

Gebet.

Herr, den ich tief im Herzen trage, sey du mit mir,
Du Gnadenhort in Glück und Plage, sey du
  mit mir;
Im Brand des Sommers, der dem Mann die
  Wange bräunt,
Wie in der Jugend Rosenhain, sey du mit mir;
Behüte mich am Born der Freude vor Ueber-
  muth,
Und wenn ich an mir selbst verzage, sey du
  mit mir,
Gib deinen Geist zu meinem Liede, daß rein
  es sey,
Und daß kein Wort mich einst verklage, sey du
  mit mir.
Dein Segen ist wie Thau den Reben; nichts
  kann ich selbst,

Doch daß ich kühn das Höchste wage, sey du mit mir,
O du mein Trost, du meine Stärke, mein Wonnelicht,
Bis an das Ende meiner Tage sey du mit mir.

Nachts am Meere.

Es schlief das Meer und rauschte kaum
Und war doch allen Schimmers voll,
Der durch der Wolken Silberflaum
Vom lichten Monde niederquoll;
Im Blau verschwamm die ferne Fluth,
Wie Bernstein flimmerte der Sand;
Ich aber schritt in ernstem Muth
Hinunter und hinauf den Strand.

O, was in solcher stillen Nacht
Durch eine Menschenseele zieht,
Bei Tag hat's Keiner noch gedacht,
Und spricht es aus kein irdisch Lied.
Es ist ein Hauch, der wunderbar
Aus unsrer ew'gen Heimath weht,
Ein innig Schauen tief und klar,
Ein Lächeln halb und halb Gebet,

Da spürst du still und körperlos
Ein segnend Walten um dich her,
Du fühlst, du ruhst in Gottes Schooß,
Und wo du wandelst, wallt auch er;
Die Thränen all sind abgethan,
Die Dornen tragen Rosengluth,
Es taucht die Liebe wie ein Schwan
Aus deines Lebens dunkler Fluth.

Und was am schwersten dich bedroht,
Dir zeigt's ein liebes Angesicht,
Zum Freiheitsherold wird der Tod,
Der deines Wesens Siegel bricht;
Du schaust in's Aug' ihm still vertraut,
Von heil'gem Schauer nur berührt,
Gleich wie ein Bräut'gam, den die Braut
Zum seligsten Geheimniß führt.

Genug, genug! Halt ein, mein Lied,
Denn was bei Nacht und Mondenlicht
Durch eine Menschenseele zieht,
Das sagt kein irdisches Gedicht,
Ein Hauch ist's, der da wunderbar
Von Edens Friedenspalmen weht,
Ein wortlos Schauen tief und klar,
Ein Lächeln halb und halb Gebet.

Heimweh.

O Heimathliebe, Heimathluft,
Du Born der Sehnsucht unergründet,
Du frommer Strahl in jeder Brust
Vom Himmel selber angezündet,
Gefühl, das wie der Tod so stark
Uns eingesenkt ward bis in's Mark,
Das uns das Thal, da wir geboren,
Mit tausendfarb'gem Schimmer schmückt,
Und wär's im Steppensand verloren,
Und wär's von ew'gem Schnee gedrückt:
Wohl keinem ward zum tiefsten Grunde
Von deiner Allgewalt die Kunde,
Der pilgernd nie aus seinem Ohr
Der Muttersprache Laut verlor,
Und nie, an fremder Thür gesessen,
Der Fremde bitt'res Brot gegessen.

Doch wer, vom eignen Herd verbannt,
Irrt in ungastlich fernem Land,
Der Wand'rer, der auf wüstem Meer
Nur Luft und Wasser sieht umher,
Der Pilger, der mit kecken Sinnen
Durch Wälder, über Bergeszinnen
Auf irrem Pfad zu weit geschweift,
Der ist's, den deine Macht ergreift;

Doch wandelt ihm sich im Gemüthe
Zum scharfen Dorn die Rosenblüthe,
Du ziehst, o milde Heimathluft,
Als Heimweh durch die kranke Brust.

Dann bist du's, die im Frühlingswalde
Im Veilchenhag umspielt vom West
Das arme Kind der eis'gen Halde
Nach seinem Norden schmachten läßt;
Dann bist du's die mit herber Flamme
Des Polenflüchtlings Herz verzehrt,
Und die dem Sohn von Juda's Stamme
Im Tod die Füße ostwärts kehrt,
Als möcht' er sterbend noch erstreben
Das Land, das ihm versagt im Leben;
Dann lockst du, klingt im Mondenglanze
Des Alphorns heimathsel'ger Gruß,
Zu Straßburg von der hohen Schanze
Den Schweizer in den wilden Fluß,
Und von den Klängen, von den Wogen
Wird er in seinen Tod gezogen. —
Ich selber hab' in vor'gen Jahren
Dies wundersame Weh erfahren,
Da Aegeus Fluth wie lautres Gold
Zu meinen Füßen noch gerollt.
O, wohl ist's schön an jenem Meer,
Die schlanke Palme sah ich ragen,
Der Tempel Säulentrümmer lagen
Umblüht von Rosen um mich her;

Der Himmel wölbte sich krystallen,
Von Düften schien die Luft zu wallen,
Zu leisem Silberschlag erklang
Vom Meer des Fischers Abendsang,
Der in der Bark' auf lichter Spur
Gen Salamis hinüberfuhr.
Und doch! ich fühlte keine Lust,
Es schlich ein krankhaft brennend Sehnen
Wie Fieberhauch durch meine Brust,
Und kaum erwehrt' ich mich der Thränen.
Ich saß auf zack'gem Fels und lauschte,
Ob nicht aus Nord ein Lüftchen rauschte:
Das sog ich durstig athmend ein,
Als ob's mich tief erquicken müßte;
Es konnte ja zur fernen Küste
Ein Gruß aus Deutschlands Wäldern seyn.

Und ward es still, da blickt' ich wieder
Hinab ins Buch auf meinen Knie'n,
Und ließ die alten goldnen Lieder
Homers durch meine Seele ziehn;
Den eignen Schmerz dann fühlt' ich mit
Im Jammer, den der Dulder litt,
Ich sucht' ihn in des Sängers Tönen
Zugleich mit jenem zu versöhnen.
Da wurdest du in meinem Weh
Mir oftmals Hoffnung, Trost und Steuer,
Du ewig Lied der Abenteuer,
Du Lied des Heimwehs, Odyssee! —

Das Negerweib.

Wo am großen Strom die Sicheln durch das hohe
Rohrfeld klirren,
Und im Laub des Zuckerahorns farb'ge Papagayen
schwirren,
Sitzt das Negerweib, den Nacken bunt geziert mit
Glaskorallen,
Und dem Knäblein auf dem Schooße läßt ein
Schlummerlied sie schallen:

Schlaf, o schlaf, mein schwarzer Knabe, du zum
Jammer mir geboren,
Eh' zu leben du beginnest, ist dein Leben schon
verloren.
Schlaf, o schlaf, verhüllt in Dunkel ruh'n dir noch
der Zukunft Schrecken,
Nur zu früh aus deinen Träumen wird der Grimm
des Herrn dich wecken.

Was die Menschen Freude heißen, wirst du nimmer-
mehr empfinden,
Dort nur fühlt sich's, wo des Nigers Wellen durch
die Flur sich winden.
Nie den Tiger wirst du fällen mit dem Wurf der
scharfen Lanzen,
Nie den Reigen deiner Väter zu dem Schlag der
Pauke tanzen.

Nein, dein Tag wird seyn voll Thränen, deine Nacht
    wird seyn voll Klagen,
Wie das Thier des Feldes wirst du stumm das
    Joch der Weißen tragen,
Wirst das Holz den Weißen fällen, und das Rohr
    den Weißen schneiden,
Die von unserm Marke prassen und in unsern
    Schweiß sich kleiden.

Kluge Männer sind die Weißen, sie durchfahren
    kühn die Meere,
Blitzesgluth und Schall des Donners schläft in
    ihrem Jagdgewehre;
Ihre Mühlen, dampfgetrieben, regen sich mit tau-
    send Armen,
Aber ach, bei ihrer Klugheit wohnt im Herzen kein
    Erbarmen.

Oftmals hört' ich auch die Stolzen sich mit ihrer
    Freiheit brüsten,
Wie sie kühn vom Mutterlande losgerissen diese
    Küsten,
Aber über jenen Edlen, der mit Muth das Wort
    gesprochen,
Daß die Schwarzen Menschen wären, haben sie
    den Stab gebrochen.

Süß erklinget ihre Predigt, wie ein Gott für sie
    gestorben,
Und durch solches Liebesopfer aller Welt das Heil
    erworben;

Doch wie soll das Wort ich glauben, wohnt es
nicht in ihren Seelen?
Ist denn das der Sinn der Liebe, daß sie uns zu
Tode quälen?

O, du großer Geist, was thaten meines armen
Stamms Genossen,
Daß du über uns die Schalen deines Zornes aus-
gegossen!
Sprich, wann wirst du mild dein Auge aus den
Wolken zu uns wenden?
Sprich, o sprich, wann wird der Jammer deiner
schwarzen Kinder enden?

Ach, das mag geschehen, wenn der Mississippi rück-
wärts fließet,
Wenn an hoher Baumwollstaude dunkelblau die
Blüthe sprießet,
Wenn der Alligator friedlich schlummert bei den
Büffelheerden,
Wenn die weißen freien Pflanzer, wenn die Chri-
sten Menschen werden.

Italien.

O, wie eigen wird dem Wand'rer, der, entflohn des
Nordens Haft,
Nach dem heißersehnten Süden lenkt die frohe
Pilgerschaft,
Wenn er von des Gotthardts Gipfel, der in ew'-
gem Eise schweigt,
Langsam durch die Morgendämmrung gen Italien
niedersteigt.

Leise theilen sich die Nebel, und es wird so lau
die Luft,
Aus der Tiefe wie ein Grüßen weht empor ver-
lorner Duft;
Noch ein Vorsprung! — sieh, und unten weit und
blühend lacht das Thal,
Dichte Gärten, Silberseen, überglänzt vom Mor-
genstrahl.

Aus den Hügeln quellen Rosen, um die Ulmen
rankt der Wein,
Schlanke Marmorsäulen schimmern winkend im
Cypressenhain,
Dort die Berge lorbeerwaldig, hier das blaukry-
stallne Meer,
Und der Himmel wie ein liebend Mutterauge drü-
ber her.

Und dazwischen bunt gekleidet buntes Volk in
    Thal und Höh'n,
Braune Buben, stolze Frauen, wie des Landes
    Rosen schön,
Winzertanz auf allen Bergen, in den Häusern
    Citherschall,
Lust'ge Lieder in den Barken, Klang und Jubel
    überall.

Wahrlich, solltest du nicht meinen, ausgestürzt auf
    dieses Land
Seiner Freuden vollsten Becher hab' ein Gott mit
    trunkner Hand,
Aus dem Länderbaum Europens sey's der blüthen-
    reichste Zweig,
Wie an grünen Laubgewinden so an goldnen
    Früchten reich?

Aber ach der bittern Täuschung! Unter diesem
    farb'gen Scherz,
Wie die Matten unter Blumen, lauscht ein tief
    verborgner Schmerz,
Jener Schmerz, der nimmer rastet, daß die alte
    Tugend starb,
Daß die Freiheit ging verloren, und ein Helden-
    volk verdarb.

O Italien, du der Künste Mutter, stolzes schönes
    Weib,
Träg'rin einst der höchsten Kronen, siech und elend
    ward dein Leib,

Dieser holde Rosenschimmer, der so reizend dich
 umblüht,
Ach, es ist des Fiebers Hitze, das in deinen Adern
 glüht.
Ja, es will mich oft gemahnen, aller deiner Blumen
 Glanz
Lieg' um deine kranken Schläfe fertig schon als
 Todtenkranz,
Ja, als sey'n Vesuv und Aetna lodernd nur dahin
 gestellt
Fackeln an dem Sterbelager einer Königin der
 Welt.

Aber nein, noch lebt die Hoffnung, ob auch tief
 versteckt im Weh;
Kennst du nicht das Lied vom herben Kummer der
 Penelope?
Schön wie du vor allen andern ward wie du sie
 vielumfreit,
Und der Fremden Schwarm verpraßte frech des
 Hauses Herrlichkeit.

Zwanzig Jahr' die Purpurwolle spann sie weinend
 um den Thron,
Zwanzig Jahr' mit bangen Seufzern zog sie groß
 den theuren Sohn,
Zwanzig Jahr' getreu dem Gatten blieb sie und
 getreu dem Gram,
Harrend, hoffend, Boten sendend — sieh, und ihr
 Odysseus kam,

Weh den übermüth'gen Freiern, als genaht des Rächers Gang,
Als von bittern Todespfeilen sein gewalt'ger Bogen klang;
Von dem rothen Blut der Frevler troffen Säul' und Estrich da,
Und ein schrecklich Fest der Rache ward erfüllt auf Ithaka.

Kennst du jenes Lied, Italia? Hör's und harre muthig aus
Wie sich auch die Freierschwärme drängten in dein adlich Haus;
Deine Söhne zieh zu Männern unter Thränen früh und spat,
Wein' und hoff'! Es kommt die Stunde, wo auch dein Odysseus naht.

Lied des Corsaren.

Gut der Wind und fest das Steuer,
Leuchtend silbergrün das Meer,
Ueber uns der Sterne Feuer —
Gebt die Mandoline her!
Syrakuser schenkt mir ein!
Heißer Sinn will heißen Wein.

Ging mein Schloß in jähem Brande
Lodernd auf um Mitternacht,
Schwirrt auf Rabenschwing' am Lande
Um mein Haupt des Reiches Acht:
Auf dem Meer im Sturmesflug
Weht der Freiheit Odemzug.

Hab' ich doch mein Schwert behalten,
Und den Arm, der stark es faßt;
Des verfehmten Banners Falten
Flattern schwergesenkt am Mast;
Weh' dem Kühnen, der's bedroht!
Seine Antwort lautet Tod.

Seit das Schiff ich frei bestiegen,
Hauſ' ich jedem Fürsten gleich;
Weit, so weit die Winde fliegen,
Liegt mein flutbend Königreich.
Blanker Stahl ist mein Wardein,
Treib' ich meine Schatzung ein.

Säckel, die von Gold sich brüsten,
Ferner Zonen selt'ne Fracht,
Klosterwein von sonn'gen Küsten,
Und den Becher von Smaragd,
Was nur Sinn und Herz begehrt,
Kauft im Schlachtgewühl mein Schwert.

Und wie reizend ist die Dirne,
Wenn sie vor dem Räuber steht
Und um ihre blonde Stirne

Glühend Haß und Neigung weht!
Scham und Lust — o süßer Krieg!
Doch dem Kühnen bleibt der Sieg.

Heil dir, Meer, du Fels des Muthes!
Heil dir, Freiheit, meine Braut!
Dir mit jedem Tropfen Blutes,
Dir allein bin ich getraut,
Treu auch dann, wenn mich bedroht
Einst im Kampf die letzte Noth.

Dann kein Ach, kein feiger Jammer!
Hoch die Wimpel, hoch das Beil!
In der engen Pulverkammer
Schläft beisammen Rach' und Heil;
Stolz im Blitze fahr' ich dann
In den Tod, ein freier Mann.

Der Alte von Athen.

Es wehte kühl vom Meer, der Tag war längst
    gesunken,
Das Feuer am Ilis versprühte rothe Funken,
Im Kreise lag die Schaar, das Banner aufge-
    pflanzt,

Geibel.   5

Die Pfeifen glommen hell, der Becher ging im
        Kreise,
Und zu der Trommel Schlag und der Hoboen
        Weise
Ward die Romakke getanzt.

Wie klirrten da im Takt die Säbel der Gesellen!
Wie flatterten im Wind die weißen Fustanellen!
Der Flamme Strahl beschien manch' bärtig Ange-
        sicht,
Gefurcht und sonnverbrannt, und plötzlich dann
        dazwischen
Ein lockig Knabenhaupt; so schaut aus dunkeln
        Büschen
Im Lenz der Rose junges Licht.

Da trat ein alter Mann in's tosende Gedränge,
Wohl ragt er aus der Schaar um eines Hauptes
        Länge,
Hinab zum Gürtel floß der Bart ihm silberweiß,
Kühn war die Stirn, darum die Locken flatternd
        wehten;
In seinen Augen glomm das Feuer des Propheten,
Und also rief der hohe Greis:

„Hinweg, Verblendete, mit Trinkgelag und Reigen!
Setzt ab den Weinpokal, laßt die Hoboen schweigen,
Den lust'gen Schall der Trommel dämpft!

Vergeßt ihr, daß, indeß ihr schwelgt in müß'ger
Feier,
Auf Kreta's blut'gem Strand der Adler mit dem
Geier
Um eurer Brüder Leichen kämpft?

O wär' ich noch ein Knab', ich könnte Thränen
weinen,
Doch Muth! Wie unheilvoll für uns die Sterne
scheinen,
Noch ward die Hoffnung nicht zum Trug;
Leonidas erlag einst an den Thermopylen,
In Flammen stand Athen und seine Tempel fielen,
Eh' Salamis die Perser schlug.

D'rum auf! Nicht länger hört, was euch die Frem-
den rathen,
Im Schwerte nur ist Heil, und mit des Schwertes
Thaten
Ruht Kreta's Schmach und Griechenlands:
Die Zeit ist reif, den Grund, d'rin uns're Heil'gen
modern,
Den frech geraubten Grund im Kampf zurückzu-
fodern,
Gen Norden geht es nach Byzanz!

So steigt denn vom Gebirg', ihr braunen Klephten,
nieder,
Ergreift das lange Rohr, den krummen Säbel
wieder,

Erwacht, ihr Männer von Athen!
Ihr Adler Sull's auf, und zeigt den Weg den
        Andern,
Kanaris, fülle du den Hellespont mit Brandern,
Lass', Hydra, deine Wimpel weh'n!

Und du, o junger Fürst von blondem Helden-
        stamme,
Des Wittelsbacher Schwert war sonst der Schlach-
        ten Flamme,
Vertrau', ein Schwimmer, dich der Zeit gewalt'-
        gem Strom:
So schön der Oelzweig ziert, er weicht dem Lor-
        beerkranze.
Wir harren deines Winks; wirf dich auf's Ross
        und pflanze
Das Kreuz auf Sankt Sophiens Dom!

Hört ihr's in hoher Luft wie zieh'nde Schwäne
        singen?
Der Engel Schaaren sind's, die Flammenschwerter
        schwingen,
Vor ihnen wird der Feind zum Spott;
Wem sie zu Häupten zieh'n, mag Noth und Tod
        verachten,
Darum frisch auf, mein Volk! Es rufen dich die
        Schlachten,
Vorwärts! Vorwärts! mit uns ist Gott!"

So sprach der Greis, und schwand im Volksge-
dränge,
Hoch schlug das Feuer auf — erschüttert stand die
Menge,
Sie bebten; jeder Mund sprach murmelnd ein
Gebet.
Wohl forscht' ich, aber wo der Alte hergekommen,
Ob er ein Schwärmer war, ich hab' es nicht ver-
nommen;
Doch, traun, mich dünkt' er ein Prophet.

Eine Septembernacht.

Zu Lübeck im Rathskeller saßen spät
Wir Freunde noch bei'm Wein und tranken,
Wo tiefgebräunt die Eichentafel steht
Aus unsres letzten Kriegsschiffs Planken.
Doch galt es heute keinen Zecherspaß,
Kein lustig Liedel, keine Becherfehde,
Es schaute Jeder ernst in's grüne Glas,
Und ernst und sinnig floß die Rede.

Wir sprachen von des alten Glanzes Zeit,
Von jenen, die der Hansa Schlachten schlugen,
Wir sprachen von der jüngsten Tage Leid,
Und von der Hoffnung, die wir trugen.

Wohl spürten's Alle feierlich und leis',
Wie sich aus Trümmern junges Leben zeuge,
Und stille ward's, als ob in unsern Kreis
Der Schutzgeist unf'rer Stadt sich beuge.

Da schlug es Mitternacht. Sie brachen auf,
Wir drückten herzlich uns die Hände;
Mich aber trieb es noch den Gang hinauf,
Die Fässer durch, entlang die schatt'gen Wände.
Ich konnt' an Schlaf nicht denken. Sonst und heut'
Zerfloß in meinen Sinnen lose;
So trat ich ein, gedankenvoll zerstreut,
In's hallende Gewölb der „Rose".

Wie kühl, wie stille! Nur mein Fußtritt scholl
Verdreifacht von den Gurten wieder,
Ein Schauer wie vor Geisternähe quoll
Geheimnißvoll durch meine Glieder.
Und sieh', ein Lichtschein drang mir wunderbar
Linksher entgegen aus der hohen Nische —
Ich naht' und stand — denn traun, ein selt'nes
                                        Paar
Erblickt' ich zechend dort am Tische.

Der Eine saß geschmückt, nach alter Art,
Mit Sammetschaube, Kraus' und Kette,
Umflossen Wang' und Kinn vom blonden Bart,
Die mächt'ge Stirn beschattet vom Barette,

Das blaue Auge zuckt' in scharfem Glüh'n,
Als hing' ein Weltgeschick an seinen Winken;
So saß er da, gebeugt und dennoch kühn,
Und starrt' in seines Römers Blinken.

Der And're stand die Hand am Schwertesknauf,
Riesig, vom Haupt zum Fuß in blankem Erze;
Wie Blut an seinem Panzer spielt' herauf
Der rothe Flackerschein der Kerze;
Ein wild und rauh Gesicht. Ich spürt' es bald,
Hier war die Faust, dort das Ersinnen;
Da, murmelnd, wie der Wind durch Herbstlaub wallt,
Hört' ich des Ersten Worte rinnen.

„O Meeresauge, dunkelblauer Sund,
Du felsumstarrte Ostseepforte,
Wie schaut' ich oft hinab in deinen Grund,
Und zwang in's Herz zurück der Sehnsucht Worte!
Dort unten, wo die Welle leiser schoß,
Sah ich den gold'nen Zauberschlüssel liegen,
Der uns ein neues Wunderreich erschloß
Von Meeresherrschaft, Glanz und Siegen.

Ich warb um ihn, wie um den Ring die Braut,
Ich warb auf Leben und auf Sterben —
O hätte mir das blinde Volk getraut,
Den Sieg erzwingen mußte solch' ein Werben,
Den Sieg, der Kampf, der sieben Jahre durch
Im Rath, zur See, im Schlachtfeld grollte,
Der Riesenkampf, der uns'rer Hansa Burg
Bis zu den Sternen thürmen sollte.

Sie faßten's nicht — es war für sie zu groß —
Sie zitterten, die Käufer und Verkäufer:
Da führten meine Feinde schlau den Stoß,
Verräther hieß ich, Wiedertäufer.
Sie rissen von den Stufen mich herab,
Sie saßen trotzig zu Gerichte,
Sie brachen über mir den weißen Stab,
Und mehr! — Sie schrieben die Geschichte.

Dreihundert Jahre sind's, da sprang vom Schlag
Des Beils mein Blut in Strömen vom Schaffotte;
Doch war ein Geist des Unheils seit dem Tag
Mit meiner Heimath Heer und Flotte. —
Was Menschen bauten, wird des Windes Spiel,
Nur Gottes Rathschluß bleibt beständig;
Die Hansa sank, das alte Reich zerfiel,
Doch Deutschland steigt empor lebendig.

Es geht ein heil'ger Sturm von Stadt zu Stadt,
Sie spüren's all' erwacht aus schwerem Traume:
Deutschland ist eins, und jeder ist ein Blatt
Am riesengroßen Wunderbaume.
Schon grollt man jedem fremden Uebermuth,
Schon zürnt der Süden, ist der Norden fröhnig,
Hinweg denn mit dem knechtischen Tribut,
Dem Schoß an jenen Inselkönig!

Frischauf, mein Volk, du großes Vaterland
Treueinig, wie ich's nimmer durfte schauen!
Vollführe du, was mir im Herzen stand,
Zu Masten laß des Forstes Tannen hauen,

Dein sey der Sund, der dich nach Westen weist,
Der Weg des Mannes dein, ein glorreich Lehen.
Mit Kugeln gib den Zoll: Es soll mein Geist
Am Steuer deines Heerschiffs stehen!"

Er fuhr empor: Die Beiden stießen an,
Die Schwerter klirrten und die grünen Becher,
Und hastig bis zur Neige stürzten dann
Den Wein hinab die selt'nen Zecher.
Da dröhnt' es Eins von Sankt-Marien-Thurm,
Hochflackernd losch der Kerze Schein, der gelbe,
Durch Pfort' und Gitter braust es wie ein Sturm
Und einsam stand ich im Gewölbe.

Mir graute nicht. Wohl hatt' ich sie erkannt
Die Heimgekehrten aus dem Reich der Gräber,
Die mächtigen Gestalten Hand in Hand,
Marx Meier, Jürgen Wullenweber.
Mein Herz schlug kühn, zu Hoffnung hoch erwacht,
Und durch des Herbstes Wind und Blättertreiben
Heimschritt ich froh, um noch in tiefer Nacht,
Was ich vernommen, aufzuschreiben.

Wie König Sigurd Hochzeit hielt.

Bei der Sigurdsflotte, nicht weit vom Feld der
 Schlacht,
Lag ein Schiff gerüstet mit wunderſamer Pracht,
Die Maſten und die Stangen gebaut aus edlem
 Holz,
D'ran ſah man Wimpel prangen und Flaggen reich
 und ſtolz.

Von ſchneeweißem Linnen das Segel war zur
 Fahrt,
Man hatte an den Tauen der Seide nicht geſpart,
Silbern ſchien der Anker; es war des Steuers
 Griff
Aus blankem Erz getrieben. Das war das Hoch-
 zeitſchiff.

Am Ufer bei dem Schiffe König Sigurd ſtand,
Fröhlich war sein Herze und purpurn sein Ge-
 wand;
Voll heißer Inbrunſt harrt' er der holdſel'gen
 Maid,
Daß Raynar ſie brächte. Doch oft wird Luſt ver-
 kehrt in Leid.

Es kam des Wegs vom Schlosse daher der junge
Held,
So hanget wohl ein Wetter düster über'm Feld,
Eh' es tobend ausbricht in Blitz und Donner-
schlag,
Wie auf der Stirn des Knaben des Grames
Wolke lag.

Ihm folgten sieben Degen in Helm und Panzer-
ring,
Sie trugen eine Bahre, darob ein Teppich hing.
Langsam schritten alle, mit Blicken trauervoll
Grüßten sie den König, daß bangend ihm die Seele
schwoll.

Da sprach Raynar der Junge: „Ich habe schlech-
ten Gruß,
Eitel Rabenbotschaft ist, was ich künden muß.
Wohl bring' ich dir Alfsonnen, wie dein Spruch
gebot,
Doch wirst du nie sie minnen, geminnt hat sie der
bleiche Tod".

Er winkte den Genossen, daß sie aus der Hand
Die Bürde setzen möchten. Dann schlug er das
Gewand
Zurück von der Bahre, die faltig es bedeckt:
Da lag die schöne Jungfrau todt dahingestreckt.

Sie lag in Mohn und Lilien als wie ein schlafend
   Bild,
Zugedrückt die Augen, verfärbt die Wangen mild,
Im weißen Linnenkleide, jeden Schmuckes baar,
Ihr einzig Goldgeschmeide das sonnig leuchtende
   Haar.

Da sie der König sahe, die schneeblasse Maid,
Ihm war's, als führe plötzlich durch all' sein Ein-
   geweid'
Ein zweischneidig Eisen. Zum Himmel auf er
   schrie:
Er hatte nimmer Minne getragen heiß wie die.

Keine Thräne weint' er; starr blieb er steh'n
Mit vorgesunk'nem Antlitz. Wer ihn da geseh'n:
Er hätt' ihn wohl gehalten für ein Bild von Stein.
Da ward ein tiefes Schweigen durch aller Kämpen
   Reih'n.

Lange sonder Regung gebeugt stand Sigurd Ring;
Dann warf empor das Haupt er, von seinen Au-
   gen ging
Ein freudevolles Funkeln, es zuckten seine Brau'n
In kühnem Heldentrutze; gewaltig war er anzu-
   schau'n.

Er sprach: „Es schuf die Norne mir ungefügen
   Gram,
Da sie mir im Zorne den Preis des Kampfes
   nahm;

Daß sie mich selbst verschonte, weiß ich ihr nicht
Dank.
Was frommt es mir, zu leben, wenn meine Sonne
sank!

Siebenzig Jahre trug ich mein Schwert bei Fest
und Krieg.
Hundert Schlachten schlug ich, und mein ward der
Sieg.
Nun mag ich nicht verkümmern sonder Klang und
Strahl,
Ein elender Greise daheim im öden Saal.

Auch hab' ich mich verschworen mit einem theuren
Eid,
Nimmer heimzukehren, denn mit der holden Maid;
Ich müßte Schmach erwerben, bräch' ich's ohne
Noth!
Nein, besser ist's, zu sterben einen königlichen Tod.

Auf, schaffet von der Wahlstatt die Erschlag'nen all',
Und thürmt sie auf einander zu einem Leichenwall
Auf dem Deck des Schiffes! Mir deucht, es sind
genug,
Daß ich gen Walhall fahre mit riesigem Heereszug.

Doch an's Steuerruder bei des Lootsen Stand
Sollt ihr Alfsonnen legen, und einen Fichtenbrand
Hoch daneben pflanzen in hellem Flammenschein,
Das soll bei meiner Feier die Hochzeitfackel seyn.

Fahr' wohl, Raynar, mein Knabe, dir geb' ich
                Kron' und Reich;
Ihr auserles'nen Degen, ich grüß' euch allzugleich:
Fahrt wohl und lasset wallen die Banner hoch im
                Wind!
Laßt die Pauken schallen! Das Brautfest beginnt".

Das Schiff war gerüstet, hinein der König trat,
Niemand durft' ihm folgen auf dem schmalen Pfad.
Das Ankertau zerhieb er; dann löst er ruhevoll
Die Seile an den Linnen, daß frisch im Wind das
                Segel schwoll.

Unter Sk̃aldenliedern das Schiff zog die Bahn
Hinaus zur blauen Weite. Es glitt als wie ein
                Schwan
Der Abendsonn' entgegen. Am Steuer Sigurd
                stand,
Es schwang der alte Degen den sprühenden Fich-
                tenbrand.

Da lief empor am Segel ein blutrother Schein,
Geschleudert war die Fackel in's dürre Holz hinein;
Rauchgewölke zogen. Dann brach ein Flammen-
                kranz
Empor um Mast und Stangen, es stand das Schiff
                in Feuer ganz.

Die Lohen schlugen mächtig und spiegelten im
                Meer,
Vom Ufer zog prächtig des Liedes Schall daher,

Bis in der feuchten Tiefe Schiff und Gluth verging.
Da war der Held bestattet. Das ist das Lied von Sigurd Ring.

Aus dem Trauerspiel:

König Roderich.

Erster Akt, siebenter Auftritt.
(Der König Roderich mit Gefolge. Florinde, tief verschleiert).

Roderich.
Tritt näher, schönes Kind, du bist willkommen —
Und künd' uns frisch das Beste, was du weißt,
Sey's eine Heldenmähre, sey's ein Lied.
Doch eh' du unser Ohr erfreust, entferne
Den Schleier, der dein Antlitz neidisch deckt.
Der stolze Wuchs, die adlige Gestalt
Verheißen viel, und billig zürnen wir,
Daß du so Holdes böslich uns verhüllst.

Florinde.
Verzeiht, o Herr, ich weiß von keinem Lied,
Und nicht in diesen Kreis hatt' ich verlangt.
Nach Euch, nach Euch allein stand mein Begehr.
Was mich hiehertreibt, fliehet bang und scheu

Den Blick der Menge; einsam muß ich's Euch
Vertrauen, und mein Wort soll leise seyn,
Wie flüsternd Windgeräusch im Ohr der Nacht.

Roderich.

So führt dich ein Gesuch der Armuth her,
Du sollst vergebens nicht gekommen seyn.
Zu meinem Säckelmeister geh'! Er soll
Dich reich bedenken.

Florinde.

Mich gelüstet nicht
Nach Gold, o Herr, nur nach Gerechtigkeit.
O hört mich, hört mich — einen Augenblick.

Roderich.

Du träumest, Mädchen, hier bei'm Königsfest
Bist du erschienen, nicht im Richtersaal;
Und seltsam wahrlich klingt die Forderung,
Die du mir stellst.

Pelisthes.

Dafern du wirklich, Jungfrau,
Ein Rechtsanliegen an den Fürsten hast,
So kehre morgen zu geleg'ner Zeit;
Du hast die Stunde schlimm gewählt — d'rum geh!

Florinde.

Nein, nein, ich gehe nicht, ich träum' auch nicht,
Wie jener sagt; jetzt muß es sich entscheiden,
Entscheiden über Leben oder Tod.

Wer weiß, wann ich ihm wieder nahen darf!
D'rum hör' mich, König! — Sagt dein Herz dir
nichts?
Ist keine Stimm' in dir, die leise mahnt,
Daß du mich hören mußt in dieser Stunde?
Sagt dir dein Herz nichts?

Roderich.

Wie? Bin ich denn hier
Der Narr in einem Gaukelspiel geworden?
Was soll die Thorheit, die das frohe Fest
Zur Unzeit mir verstört? Sag' an, wer bist du,
Die du dich toll in meine Kreise drängst?
Entschleire dich!

Florinde.

O spar' es mir und dir!
Nicht hier vor dieser stolzen Männer Blick,
Nein, Aug' in Aug', im schweigenden Gemach
Will ich von Allem Rechenschaft dir geben.
Ich flehe nochmals: Einen Augenblick
Schenk' mir Gehör!

Roderich (zornig).

Ich brauche kein Geheimniß.
Fort mit dem Schleier, der die List verbirgt!

(Er reißt ihr den Schleier ab.)

Florinde!

Pelayo.

Großer Gott!

Urbano.

Es ist die Tochter
Don Julians!

Florinde (dumpf.)

Du hast es selbst gewollt!
Ich kam, um dich zu mahnen; kam verschleiert
In's Königsschloß, um so in deine Nähe,
Die du mir sonst versagtest, mich zu stehlen;
Weh' über mich! Nun hast du grausam selbst
Mir jeden Rückweg abgesperrt, und mich
Mit rauhem Arme aus den heil'gen Schranken
Der Scheu gerissen. Vorwärts zwingst du mich
In eine Bahn hin, die mein weiblich Herz
Verzagen macht.

Roderich.

Ich staune, nochmals wagst du,
Dich vor mein Angesicht zu drängen?

Florinde.

Herr!
Was bleibt der Armen, wenn sie Alles, Alles,
Das Theuerste, die Ehre selbst, verlor!
Wär' ich ein Mann, fürwahr, du sähest jetzt
Mich so nicht hier. Ich bin ein Weib, ich kann
Nicht rechten mit dem Schwert, ich habe nichts
Zu meinem Schutz, als Thränen, Bitten, Fleh'n.
D'rum fleh' ich hier, o König, schenke mir,
Was du nach Gottes Ordnung dem Geringsten
Nicht weigern kannst und darfst: Gerechtigkeit.
Du hast vor aller Welt mich tief erniedrigt,

So tief, daß ich des ärmsten Löhners Weib
Beneiden muß; o hebe du mich auch
Empor aus diesem Abgrund. Deinen Raub,
Mein Kleinod, meine Ehre gib mir wieder!
(Roderich wendet sich ab.)

Pelayo (gedämpft, mit verhaltenem Zorn.)
Ihr schweigt, mein König? Wollt Ihr dieses
         Spiel
Noch weiter treiben? Wahrlich, es genügt,
Blickt Euch im Kreise Eurer Ritter um;
Auf jedem Antlitz brennt die Gluth der Scham
Um das, was Ihr gethan. Und wär' es nicht:
Ich glaube, diese Wände, die so stolz
Bisher geragt, sie würden murrend brechen
Ob des unwürd'gen Schauspiels.

Roderich (losbrechend.)
     Schweig', Verweg'ner!
Ist es so weit gekommen, daß mich hier
Im eignen Königssaal mit frechem Wort
Ein trotziger Vasall zu meistern wagt?
Ich duld' es nicht! — und du — (sich gegen Flo-
         rinde wendend)

Urbano (ihm in die Rede fallend.)
       Laßt Euren Zorn
Die Arme nicht entgelten, Herr! Bedenkt —

Roderich.
Spart Eure Worte, mein Herr Erzbischof!
Ich pflege, wenn ich handle, selbst zu denken,

Und hab' auch dies Mal Eure Weisheit nicht
Begehrt!

Florinde.
So sey das Letzte denn versucht!
Oft ist das Knie beredter, als der Mund.
Sieh' her!

(Sie kniet vor ihm.)

Hier liegt die Tochter Julians,
Des Stolzesten der Gothen, dir zu Füßen,
Hier liegt sie vor dir, ein geknicktes Rohr.
O laß' mich so nicht liegen, daß nicht künftig
Mit erz'nem Mund verkünde die Geschichte:
Der König übte Schmach an einem Weib.
Nein, nein! du kannst es nicht, du kannst es
nicht!
Du schwurest mir ja einst, daß du mich liebtest!
So rufe heute dir von dem Gefühl
Nur so viel wach, daß du mich nicht zertrittst!
O Gott! ich bin von meines Unheils Last
Ja schon so tief gebeugt, so ganz gebrochen,
Daß ich vom Recht nicht mehr zu reden weiß;
Die Angst der Seele schreiet nur: Erbarmen!
Erbarmen, Herr!

Leontes (leise, spöttisch.)
Für ein Paar Weiberthränen
Wär' eine Königskrone leicht erkauft.

Florinde.
Gib meine Ehre mir zurück!

Roderich.
Hinweg!
Wie lange soll dies Possenspiel noch währen!
Glaubst du, daß du mit Worten und mit Thränen
Felsen wegblasen und erweichen kannst?
Ein Königswort ist härter noch als Fels.
Und käm' das Meer und braust' ein mächtig: Ja,
Ich riefe: Nein, und schwärzte sich der Himmel
Und schrie der Donner: Ja, ich riefe: Nein!
Und aber: Nein! Denn noch bin ich Herr —
Aus meinen Augen, Dirne!

Florinde (zusammenbrechend.)
O mein Gott!

Pelayo.
Gräfin, steht auf! Ich kann den Anblick nicht
Ertragen, Euch vor Diesem so zu seh'n!
Kommt! Sicher führ' ich Euch von hier.
(Er geht ab mit Florinden.)

Urbano.
O Herr!
Ihr war't zu hart!

Roderich.
Kein Wort mehr, keine Sylbe!
Mich dünkt, die Litanei war lang genug.
Doch wahrlich! rühmen soll sich nicht dies Weib,
Daß uns durch seine aberwitz'ge Laune
Mehr als ein Augenblick verkümmert wäre.

D'rum auf! Laßt Wein, den heißesten, der je
Von Griechenlands besonnten Hügeln quoll,
In allen Bechern perlen! Heller schürt
Die Fackeln auf, daß schwirrend sich die Lerche
Im Feld erhebe, weil sie's Morgen meint;
Entfesselt brause der melod'iche Sturm
Der Festmusik, und schöner Mädchen Tanz
Schling' eine Blumenkette durch den Saal!
Ihr Pagen, flieget! — — — — — — — —

„O Spanien! — Du, Florinde — Fahret wohl!
Ich wollte — konnte nicht — Gott sey mir
gnädig!"

Vierter Akt, fünfter Auftritt.

(Hof eines von Tarik und Julian eroberten
Schlosses. — Auf der Mauer Julians rothe Fahne.
Mondschein. Wachtfeuer. Plündernde Mohren
und Gothen aus und ein.) —

Erster Gothe.

'ne lustige Wirthschaft! He, schlagt ein, brecht auf!
Was tragbar ist, gebt mit, und wär' es nur
'ne Pfann', um d'rin Kastanien zu rösten,
Oder ein Kochtopf.
(Ein anderer Gothe und zwei Mohren kommen
stürmisch aus der Pforte rechts.)

Zweiter Gothe.

Nein, das ist zu arg!
's ist himmelschreiend!

Erster Mohr.
Hörst du auf mit Schmäh'n?
Sonst leg' ich dir ein Schloß vor deinen Mund,
Daß du dein Leben lang d'ran schleppen sollst.

Zweiter Gothe.
Et was, wer will das Reden mir verwehren!
Wozu hab' ich die Zunge, wenn ich nicht
Auf solchen Greuel Zeter schreien darf?

Erster Gothe.
So sprich, was gibt's?

Zweiter Gothe.
Denk' dir, ich komm' zum Keller.
Da ist ein Duften, ist ein Wohlgeruch
Vom allerfeinsten Wein, und wie ich nun
Nach Herzenslust beginnen will zu zapfen,
Da stoßen diese quittengelben Teufel
Dem Faß den Boden aus, daß all' das Naß
So mir nichts dir nichts in den Kehricht läuft.

Erster Gothe.
Abscheulich!

Zweiter Gothe.
Könnt' ihr's leugnen?

Erster Mohr.
Nein, wir thaten's,
Und thaten euch damit den größten Dienst.
Denn in den Fässern schläft ein Taumelgeist,
Der euch berauscht und euch das Hirn verwirrt.

Zweiter Mohr.
Trinkt Wasser, so wie wir, das löscht den Durst.

Zweiter Gothe.
Vor meinetwegen sauft das Weltmeer aus,
Bis Fisch' und Austern auf dem Trocknen liegen!
Doch mir soll Keiner meinen Wein verderben.

Zweiter Mohr.
Unser Prophet —

Zweiter Gothe.
Was schiert uns dein Prophet,
Du Mohrenkopf?

Erster Mohr.
Wir sind in seinem Reich,
Und haben diese Burg für ihn erobert.

Erster Gothe (lachend.)
In seinem Reich? Schaut doch gefälligst nach,
Ob das die Fahne eures Götzen ist?
Die Ersten auf der Mauer waren wir.

Erster Mohr.
Du lügst in deinen Hals, und daß du siehst,
Wie wenig ich den Jammerfetzen achte,
Der sich im Winde dort großmächtig bläht,
Reiß' ich ihn ab und tret' ihn in den Koth.
(Er reißt Julians Banner von der Mauer und
tritt's mit Füßen.)

Zweiter Gothe.
Hau' ihm die Hand ab!

Erster Gothe.
Auf, ihr Gothen, auf!
Rächt diesen Schimpf!

(Sie ziehen die Schwerter und dringen auf den ersten Mohren ein. Zu beiden Seiten sammeln sich Haufen.)

Erster Mohr.
Ihr Gläubigen, herbei
Zu Allah's Ruhm!

Zweiter Gothe.
Kommt an, ihr Wüstenhunde,
Hier wird gespielt und Hiebe sind der Einsatz!

(Sie fechten.)

Schilderung Spaniens.

— — Nein, dies Land ist nicht
Wie Afrika, wo Sand und Himmel nur
Das Aug' erblickt und hier und dort dazwischen
Ein falbes Fleckchen mit versengtem Gras,
Von ein Paar Palmen spärlich überschattet.
Sieh' nur, wie an den Hängen dort die Mandel,
Die Feige reift, wie tief im dunkeln Laub
Die Flamme der Granate brennt; die Luft
Ist schwer vom Oden der Citronenblüthe,
Und selbst den Fels umflicht die süße Rebe
Mit grünem Netz. Von jenen Bergen sprudeln

Wie Lebensodem tausend frische Quellen
Und gießen ihren Segen durch das Thal.
Und in den unterird'schen Schachten schlafen
Die Könige der Erze, Gold und Silber,
Des starken Arms nur harrend, der sie kühn
Aus ihrer Nacht hervorführt an das Licht. —

Tarif's Anrede.

So reiß' ich denn das Banner aus dem Boden,
Und trag' es weiter in dies schöne Reich.
Doch nicht zu eignem Ruhm und Vortheil, nein!
Ein Streiter Allah's steh' ich da. Denn so
Spricht der Prophet: „Ich sende meine Boten
Mit Feuer und mit Schwert gen Nord und Süd,
Gen Sonnenaufgang und gen Untergang,
Und will ihr Haupt ausrüsten mit dem Geist
Des Lichts, und mit des Leuen Kraft ihr Mark.
Die Gluth soll sie nicht sengen, und das Meer
Sie nicht ersäufen, bis der ganze Erdball
Im Schatten meiner Friedenspalmen ruht".
So hat er uns zu Kämpfern denn erwählt
Im Lande, das mit ihrem letzten Strahl
Die Sonne grüßt, eh' sie in's Meer versinkt;
Und sind wir schwach an Zahl, so sind wir stark
Durch die Verheißung und gestählt an Muth.
Das Reich, das vor uns liegt, ist uns bestimmt
Durch Allah's Schluß. Vergeßt auf immer d'rum

Die Küsten Afrika's. Sie sind für euch
Versunken mit den Trümmern unf'rer Schiffe.
Nein! Denkt im Kampf, ihr kämpft um euern
     Herd.
Das Schwert ist euer einzig Heil. Im Rücken
Habt ihr das Meer, die Schande und den Tod,
Vor euch liegt Spanien und der Ruhm, bereit,
Mit grünem Laub den Scheitel euch zu kränzen,
Selbst wenn ihr fallt. Denn ob die Gruft den
     Leib
Empfängt, unsterblich wandelt das Gerücht
Der Tapfern durch die Welt und Allah lohnt
Mit Paradieseswonnen seinen Fechtern!
Und somit vorwärts! Stoßt in die Trompeten,
Erhebt die Lanzen, laßt die Fahnen fliegen,
Und gönnt nicht eher ihnen Rast, als bis
Sie siegreich von Toledo's Zinnen wehen. —

Der Knabe mit dem Wunderhorn.

 Ich bin ein lust'ger Geselle,
 Wer könnt' auf Erden fröhlicher seyn?
 Mein Rößlein so helle, so helle,
 Das trägt mich mit Windesschnelle
 In's blühende Leben hinein —
   Trarah!
 In's blühende Leben hinein.

Es tönt an meinem Munde
Ein silbernes Horn von süßem Schall,
Es tönt wohl manche Stunde;
Von Fels und Wald in der Runde
Antwortet der Wiederhall —
    Trarah!
Antwortet der Wiederhall.

Und komm' ich zu festlichen Tänzen,
Zu Scherz und Spiel im sonnigen Wald,
Wo schmachtende Augen mir glänzen
Und Blumen den Becher bekränzen,
Da schwing' ich vom Roß mich alsbald —
    Trarah!
Da schwing' ich vom Roß mich alsbald.

Süß lockt die Guitarre zum Reigen,
Ich küsse die Mädchen, ich trinke den Wein;
Doch will hinter blühenden Zweigen
Die purpurne Sonne sich neigen,
Da muß es geschieden seyn —
    Trarah!
Da muß es geschieden seyn.

Es zieht mich hinaus in die Ferne;
Ich gebe dem flüchtigen Rosse den Sporn —
Ade! Wohl blieb' ich noch gerne,
Doch winken schon andere Sterne,
Und grüßend ertönet das Horn —
    Trarah!
Und grüßend ertönet das Horn.

Vorüber.

O darum ist der Lenz so schön,
Mit Duft und Strahl und Lied,
Weil singend über Flur und Höh'n
So bald er weiter zieht;

Und darum ist so süß der Traum,
Den erste Liebe webt,
Weil schneller wie die Blüth' am Baum
Er welket und verschwebt.

Und doch! Er läßt so still erwärmt,
So reich das Herz zurück;
Ich hab' geliebt, ich hab' geschwärmt,
Ich preis' auch das ein Glück.

Gesogen hab' ich Strahl auf Strahl
In's Herz den kurzen Tag;
Die schöne Sonne sinkt zu Thal,
Nun komme, was da mag.

Sey's bitt'res Leid, sey's neue Lust,
Es soll getragen seyn —
Der sich're Schatz in meiner Brust
Bleibt dennoch ewig mein.

Spielmanns Lied.

Und legt ihr zwischen mich und sie
Auch Strom und Thal und Hügel,
Gestrenge Herrn, ihr trennt uns nie,
Das Lied, das Lied hat Flügel.
Ich bin ein Spielmann wohlbekannt,
Ich mache mich auf die Reise,
Und sing' hinfort durch's weite Land
Nur noch die Eine Weise:
  Ich hab' dich lieb, du Süße,
  Du meine Lust und Qual,
  Ich hab' dich lieb und grüße
  Dich tausend, tausend Mal!

Und wandr' ich durch den laub'gen Wald,
Wo Fink' und Amsel schweifen:
Mein Lied erlauscht das Völkchen bald,
Und hebt es an zu pfeifen.
Und auf der Haide hört's der Wind,
Der spannt die Flügel heiter,
Und trägt es über den Strom geschwind,
Und über den Berg, und weiter:
  Ich hab' dich lieb, du Süße,
  Du meine Lust und Qual,
  Ich hab' dich lieb und grüße
  Dich tausend, tausend Mal!

Durch Stadt und Dorf, durch Wies' und Korn
Spiel' ich's auf meinen Zügen,
Da fingen's bald zu Nacht am Born
Die Mägde mit den Krügen;
Der Jäger summt es vor sich her,
Spürt er am Buchenhage; –
Der Fischer wirft sein Netz in's Meer
Und singt's zum Ruderschlage:
    Ich hab' dich lieb, du Süße,
    Du meine Lust und Qual,
    Ich hab' dich lieb und grüße
    Dich tausend, tausend Mal!

Und frischer Wind und Waldvöglein,
Und Fischer, Mägd' und Jäger,
Die müssen alle Boten seyn
Und meiner Liebe Träger.
So kommt's im Ernst, so kommt's im Scherz
Zu deinem Ohr am Ende,
Und wenn du's hörst, da pocht dein Herz,
Du spürst es, wer es sende:
    Ich hab' dich lieb, du Süße,
    Du meine Lust und Qual,
    Ich hab' dich lieb und grüße
    Dich tausend, tausend Mal!

Herbstgefühl.

O wär' es bloß der Wange Pracht,
Die mit den Jahren flieht!
Doch das ist's, was mich traurig macht,
Daß auch das Herz verblüht;

Daß, wie der Jugend Ruf verhallt
Und wie der Blick sich trübt,
Die Brust, die einst so heiß gewallt,
Vergißt, wie sie geliebt.

Ob von der Lippe dann auch kühn
Sich Witz und Scherz ergießt,
's ist nur ein heuchlerisches Grün,
Das über Gräbern sprießt.

Die Nacht kommt, mit der Nacht der Schmerz,
Der eitle Flimmer bricht;
Nach Thränen sehnt sich unser Herz,
Und findet Thränen nicht.

Wir sind so arm, wir sind so müd;
Warum, wir wissen's kaum,
Wir fühlen nur, das Herz verblüht,
Und alles Glück ist Traum.

O Jugendzeit!

O Jugendzeit, du grüner Wald,
Darin der Liebe Röslein blüht,
Wie ist dein Rauschen mir verhallt,
Verhallt im Ohr und im Gemüth!
Voll Liederlust der frische Muth,
Der helle Blick, der kecke Sinn,
Das rasche, rothe Dichterblut,
O sprich, o sprich, wo sind sie hin!

Es kamen Zeiten schwer wie Blei,
Der Zweifel schlich in diese Brust,
Der Traum der Neigung floh vorbei,
Und blasser wurden Licht und Lust;
Und wenn ich in die Zukunft schau',
Das ist nicht mehr das alte Gold,
Ich seh' ein trübes Nebelgrau,
Wie's herbstlich um die Berge rollt.

Und doch getrost! Die Blüthenzeit
Verweht hat sie des Windes Flucht,
Doch reift in tiefer Einsamkeit,
Und unter Schmerzen reift die Frucht.
Die Sehnsucht lass' ich nimmer los,
Sie wächst in kranker Brust und schwillt,
Wie in der dunkeln Muschel Schoß
Empor die lichte Perle quillt.

Geibel.

D'rum klag' ich nicht, d'rum zag' ich nicht,
Sie halt' ich fest in Noth und Pein,
Und wenn mein Herz im Kampfe bricht,
So muß die Sehnsucht Flügel seyn.
Da schwingt sie kühn sich auf mit mir,
Daß hell wie Liebesgruß es schallt,
Und schwebt, und trägt mich heim zu dir,
O Jugendzeit, du grüner Wald!

Wie es geht.

Sie redeten ihr zu: Er liebt dich nicht,
Er spielt mit dir — da neigte sie das Haupt,
Und Thränen perlten ihr vom Angesicht
Wie Thau von Rosen; o, daß sie's geglaubt!
Denn als er kam und zweifelnd fand die Braut,
Ward er voll Trotz; nicht trübe wollt' er scheinen,
Er sang und spielte, trank und lachte laut,
Um dann die Nacht hindurch zu weinen.

Wohl pocht' ein guter Engel an ihr Herz:
„Er ist doch treu, gib ihm die Hand, o gib!"
Wohl fühlt auch er durch Bitterkeit und Schmerz:
„Sie liebt dich doch, sie ist ja doch dein Lieb.

Ein freundlich Wort nur sprich, ein Wort vernimm,
So ist der Zauber, der euch trennt, gebrochen". —
Sie gingen — sah'n sich — o, der Stolz ist
      schlimm —
Das Eine Wort blieb ungesprochen.

Da schieden sie. Und wie im Münsterchor
Verglimmt der Altarlampe rother Glanz —
Erst wird er matt, dann flackert er empor
Noch einmal hell, und dann verlischt er ganz —
So starb die Lieb' in ihnen, erst beweint,
Dann heiß zurückersehnt, und dann — vergessen,
Bis sie zuletzt, es sey ein Wahn, gemeint,
Daß sie sich je dereinst besessen.

Nur manchmal fuhren sie im Mondenlicht
Vom Kissen auf — von Thränen war es naß,
Und naß von Thränen war noch ihr Gesicht;
Geträumet hatten sie — ich weiß nicht, was.
Dann dachten sie der alten schönen Zeit,
Und an ihr nichtig Zweifeln, an ihr Scheiden,
Und wie sie nun so weit, so ewig weit.
O Gott, vergib, vergib den Beiden!

>—←

Cita mors ruit.

Der schnellste Reiter ist der Tod,
Er überrettet das Morgenroth,
Des Wetters rasches Blitzen.
Sein Roß ist fahl und ungeschirrt,
Die Senne schwirrt der Pfeil erklirrt
Und muß im Herzen sitzen.

Durch Stadt und Dorf, über Berg und Thal,
Im Morgenroth, im Abendstrahl
Geht's fort mit wildem Jagen,
Und wo er floh mit Ungestüm,
Da schallen die Glocken hinter ihm,
Und Grabeslieder klagen.

Dem Schöffen blickt er in's Gesicht,
Der just das weiße Stäblein bricht,
Da sinkt's ihm aus den Händen;
Ein Mägdlein windet Blüth' und Klee,
Er tritt heran — ihr wird so weh' —
Wer mag den Strauß vollenden?

D'rum sey nicht stolz, o Menschenkind!
Du bist dem Tod wie Spreu dem Wind,
Und magst du Kronen tragen.
Der Sand verrinnt, die Stunde schlägt,
Und eh' ein Hauch dies Blatt bewegt,
Kann auch die deine schlagen.

Wenn sich zwei Herzen scheiden.

Wenn sich zwei Herzen scheiden,
Die sich dereinst geliebt,
Das ist ein großes Leiden,
Wie's größ'res nimmer gibt.
Es klingt das Wort so traurig gar:
Fahr' wohl, fahr' wohl auf immerdar,
Wenn sich zwei Herzen scheiden,
Die sich dereinst geliebt.

Als ich zuerst empfunden,
Daß Liebe brechen mag:
Mir war's, als sey verschwunden
Die Sonn' am hellen Tag.
Mir klang's im Ohre wunderbar:
Fahr' wohl, fahr' wohl auf immerdar,
Da ich zuerst empfunden,
Daß Liebe brechen mag.

Mein Frühling ging zur Rüste,
Ich weiß es wohl, warum;
Die Lippe, die mich küßte,
Ist worden kühl und stumm.

Das Eine Wort nur sprach sie klar:
Fahr' wohl, fahr' wohl auf immerdar!
Mein Frühling ging zur Rüste,
Ich weiß es wohl, warum.

Morgenwanderung.

Wer recht in Freuden wandern will,
Der geh' der Sonn' entgegen;
Da ist der Wald so kirchenstill,
Kein Lüftchen mag sich regen;
   Noch sind nicht die Lerchen wach,
   Nur im hohen Gras der Bach
Singt leise den Morgensegen.

Die ganze Welt ist wie ein Buch,
Darin uns aufgeschrieben
In bunten Zeilen manch' ein Spruch,
Wie Gott uns treu geblieben;
   Wald und Blumen nah' und fern
   Und der helle Morgenstern
Sind Zeugen von seinem Lieben.

Da zieht die Andacht wie ein Hauch
Durch alle Sinnen leise,
Da pocht an's Herz die Liebe auch
In ihrer stillen Weise,

Pocht und pocht, bis sich's erschließt,
Und die Lippe überfließt
Von lautem, jubelnden Preise.

Und plötzlich läßt die Nachtigall
Im Busch ihr Lied erklingen,
In Berg und Thal erwacht der Schall
Und will sich aufwärts schwingen.
Und der Morgenröthe Schein
Stimmt in lichter Gluth mit ein:
Laßt uns dem Herrn lobsingen!

Den Verneinenden.

Ich will es immerhin euch gern erlauben,
Daß ihr mich rechnet als der Schwachen Einen,
Doch sollt ihr meinem Auge nicht das Weinen,
Noch meinem Mund der Freude Lächeln rauben.

Zu eurer Höhe kann ich mich nicht schrauben,
Wo statt der Sonne frost'ge Sterne scheinen;
Ich kann nicht hassen bloß, und bloß verneinen;
Dies Herz bedarf's, zu lieben und zu glauben.

Daß ihr euch Helden nennet, hör' ich sagen;
Doch jene sah'n den Gott im Sturm der Meere,
Den Gott im Donner und im Sonnenwagen.

Ihr aber möchtet frech mit erznem Speere
In Trümmern jedes Götterbild zerschlagen —
So bleibt euch nichts dann, als die große Leere.

Mein Weg.

Ich hör' es wohl, es rufen die Partei'n:
„Komm' her, und woll' uns endlich angehören;
Der rüst'ge Harfner sey zu unsern Chören,
Und schling' als Kranz dein Lied um unsern
                                    Wein!"

Mein ewig Echo bleibt ein ruhig: Nein,
Denn zu der Fahnen keiner kann ich schwören;
Den Gott im Busen darf kein Schlagwort stören,
Ich folge meinem Stern und geh' allein.

Dem Wandrer bin ich gleich am Felsenhang,
Dem schroff die Wand sich thürmt zur rechten
                                    Seite,
Zur linken braust der See mit dumpfem Klang.

Doch rühr' ich fromm die Saiten, wie ich schreite
Und oftmals will's mir däuchten bei'm Gesang,
Daß mich wie Kaiser Max ein Engel leite.

An Georg Herwegh.

(Februar 1842.)

Es scholl dein Lied mir in das Ohr
So schwertesscharf, so glockentönig,
Als wär' aus seiner Gruft empor
Gewallt ein alter Dichterkönig.
Und doch! ich weiß es nicht von mir,
Ich muß dich in die Schranken laden;
Komm' an in voller Harnischzier,
Auf Tod und Leben Kampf mit dir,
Kampf, du Poet von Gottes Gnaden!

Bist du dir selber klar bewußt,
Daß deine Lieder Aufruhr läuten;
Daß Jeglicher nach seiner Brust
Das Aergste mag aus ihnen deuten?
Der Zwerg, der matte Pfeile schnitzt,
Wohl — schieß' er ohne fest zu zielen;
Doch wer, vom Wetterlicht umblitzt,
Im Donnerwagen grollend sitzt,
Der soll nicht mit den Zügeln spielen.

Fürwahr, ein Sämann schreitest du,
Der Samen streut, doch der Zerstörung;
Ein Glöckner, der aus ihrer Ruh'
Die Völker stürmt, doch zur Empörung.

Du willst die Flamme, die so rein
Und heilig strahlt durch alle Lande,
Du willst den warmen Gottesschein
Zur Fackel Herostrats entweih'n,
Und schwingst sie wild zum Tempelbrande.

Wozu sonst dieses Schwerterklirr'n,
Die Krieger, die dein Lied gefodert,
Die hast'ge Gluth, die durch dein Hirn
In tausend Funken prächtig lodert?
O nein! Das ist nicht deutsche Art!
Wohl kämpfen wir auch für das Neue;
Um's Freiheitsbanner dicht geschaart
So steh'n auch wir; doch aufbewahrt
Aus alter Zeit blieb uns die Treue.

Verhaßt auch uns ist der Baschkir,
Der Unterjocher der Gedanken,
Und keinen Deut begehren wir
Von jenem übermüth'gen Franken.
Wir wollen auch, daß frei das Wort
Durch alle Lüfte möge fluthen;
Es dünkt auch uns in Süd und Nord
Das Wort der beste Freiheitshort —
Doch soll darum dein Volk verbluten?

Nein! Glaub', der Tag ist bald erwacht,
Der Morgen naht, wo wir's erringen,
Nicht ohne Kampf, doch ohne Schlacht,
Der Geist ist stärker als die Klingen.

Geharnischt steht er auf dem Plan,
Er, der mit Luthern einst gefochten;
Durch tausend Lanzen bricht er Bahn,
Und mag die Hölle dräuend nah'n:
Der Lorbeer bleibt ihm doch geflochten.

D'rum thu' dein Schwert an seinen Ort,
Wie Petrus that, da er gesündigt;
Die Freiheit geht nicht aus auf Mord,
Blick' nach Paris, das dir's verkündigt.
Vom Geist will sie gewonnen seyn;
Und wer ihr Kleid so rein und heiter,
Mit blut'ger Makel mag entweih'n,
Und säng' er Engelsmelodei'n:
Der ist der Welt, nicht Gottes Streiter.

Ich sing' um keines Königs Gunst,
Es herrscht kein Fürst, wo ich geboren;
Ein freier Priester freier Kunst
Hab' ich der Wahrheit nur geschworen.
Die werf' ich keck dir in's Gesicht,
Keck in die Flammen deines Branders;
Und ob die Welt den Stab mir bricht:
In Gottes Hand ist das Gericht;
Gott helfe mir! — ich kann nicht anders.

Hoffnung.

Und dräut der Winter noch so sehr
Mit trotzigen Geberden,
Und streut er Eis und Schnee umher,
Es muß doch Frühling werden.

Und drängen die Nebel noch so dicht
Sich vor den Blick der Sonne,
Sie wecket doch mit ihrem Licht
Einmal die Welt zur Wonne.

Blas't nur, ihr Stürme, blas't mit Macht,
Mir soll darob nicht bangen;
Auf leisen Sohlen über Nacht
Kommt doch der Lenz gegangen.

Da wacht die Erde grünend auf,
Weiß nicht, wie ihr geschehen,
Und lacht in den sonnigen Himmel hinauf,
Und möchte vor Lust vergehen.

Sie flicht sich blühende Kränze in's Haar,
Und schmückt sich mit Rosen und Aehren:
Und läßt die Brünnlein rieseln klar,
Als wären es Freudenzähren.

D'rum still! Und wie es frieren mag,
O Herz, gib dich zufrieden;
Es ist ein großer Maientag
Der ganzen Welt beschieden.

Und wenn dir auch oft bangt und graut,
Als sey die Höll' auf Erden,
Nur unverzagt auf Gott vertraut!
Es muß doch Frühling werden.

Das ist's.

Das ist's, was an der Menschenbrust
Mich oftmals läßt verzagen,
Daß sie den Kummer wie die Lust
Vergißt in wenig Tagen.

Und ist der Schmerz, um den es weint,
Dem Herzen noch so heilig —
Der Vogel singt, die Sonne scheint,
Vergessen ist er eilig.

Und war die Freude noch so süß,
Ein Wölkchen kommt gezogen,
Und vom erträumten Paradies
Ist jede Spur verflogen.

Und fühl' ich das, so weiß ich kaum,
Was weckt mir tief're Schauer,
Daß also kurz der Freude Traum,
Oder so kurz die Trauer!

Ich sah den Wald sich färben.

Ich sah den Wald sich färben,
Die Luft war grau und stumm;
Mir war betrübt zum Sterben,
Und wußt' es kaum, warum.

Durch's Feld vom Herbstgestäube
Hertrieb das dürre Laub;
Da dacht' ich: deine Freude
Ward so des Windes Raub.

Dein Lenz, der blüthenvolle,
Dein reicher Sommer schwand;
An die gefrorne Scholle
Bist du nun festgebannt.

Da plötzlich floß ein klares
Getön in Lüften hoch:
Ein Wandervogel war es,
Der nach dem Süden zog.

Ach, wie der Schlag der Schwingen,
Das Lied in's Ohr mir kam,
Fühlt' ich's wie Trost mir bringen
Zum Herzen wundersam.

Es mahnt' aus heller Kehle
Mich ja der flücht'ge Gast:
Vergiß, o Menschenseele,
Nicht, daß du Flügel hast!

Herbstlich sonnige Tage.

Herbstlich sonnige Tage,
Mir beschieden zur Lust,
Euch mit leiserem Schlage
Grüßt die athmende Brust.

O wie waltet die Stunde
Nun in seliger Ruh'!
Jede schmerzende Wunde
Schließet leise sich zu.

Nur zu rasten, zu lieben,
Still an sich selber zu bau'n,
Fühlt sich die Seele getrieben,
Und mit Liebe zu schau'n.

Und so schreit' ich im Thale,
In den Bergen, am Bach,
Jedem segnenden Strahle,
Jedem verzehrenden nach.

Jedem leisen Verfärben
Lausch' ich mit stillem Bemüh'n,
Jedem Wachsen und Sterben,
Jedem Welken und Blüh'n.

Selig lern' ich es spüren,
Wie die Schöpfung entlang
Geist und Welt sich berühren
Zu harmonischem Klang.

Was da webet im Ringe,
Was da blüht auf der Flur,
Sinnbild ewiger Dinge
Ist's dem Schauenden nur.

Jede sprossende Pflanze,
Die mit Düften sich füllt,
Trägt im Kelche das ganze
Weltgeheimniß verhüllt.

Schweigend blickt's aus der Klippe,
Spricht im Wellengebraus —
Doch mit heiliger Lippe
Deutet die Mus' es aus.

Das Geheimniß der Sehnsucht.

Nun wandelt von den Bergen sacht
Zum See herab die Sommernacht,
Und träumerisch mit heißem Sinn
Durch ihren Schatten schreit' ich hin.
Berauschend schwimmt im Strom der Luft
Daher der Rebenblüthe Duft,
Der Glühwurm webt die lichte Bahn
Im Dunkel an des Thurms Gemäuer,
Und droben glüh'n mit tiefem Feuer
Die Sterne räthselhaft mich an.

Dies ist die Stunde, da das Lied
Der Sehnsucht durch die Lüfte zieht,
Die tief in Wald, Gestein und Flur
Der Kern ist aller Kreatur;
Der Sehnsucht, die durch Felsen dicht
Den Quell emporzwingt an das Licht,
Die nach dem Himmel aus dem Wald
Mit tausend grünen Armen greift,
Aus hartem Stein als Echo hallt,
Im irren Wind die Welt umschweift;

Die aus der Nachtigallen Kehle
Im Silberton blaperlend quillt,
Und aus der Blumen Auge mild
Dich anschaut mit der stummen Seele,

Oelhel.

O Sehnsucht, die du wie ein Kind
In Schlaf gelullt durch süße Lieder,
Doch stets auf's Neu' erwachst und wieder
Zu weinen anhebst leis' und lind,
Wie nimmst auch mir du Herz und Sinn
Mit deiner Klage ganz dahin!

Mir ist's, ich müßte Flügel heben
Und körperlos in's Weite schweben;
Verschenken müßt' ich wonniglich
Mein bestes Seyn, mein tiefstes Ich;
Den ganzen Schatz der vollen Brust,
Andacht und Liebe, Schmerz und Lust,
Der innersten Gedanken Hort
Ich müßt' ihn in ein einzig Wort
Als wie in güldnen Kelch beschließen,
Um ihn verschwendrisch hinzugießen.

Umsonst! Kein Wort, sey's noch so groß,
Macht dich des tiefen Dranges los;
Den heißen Durst der Seele stillt
Kein Brunnen, der auf Erden quillt.
Wohl wähnt' ich einst in gold'nen Stunden,
In meines Herzens Maienzeit,
Des Räthsels Lösung sey gefunden,
Und Minne heile jedes Leid;
Doch was so hoch mir war, so lieb,
Mir ward es — und die Sehnsucht blieb.

Darum zur Ruh', mein wild Gemüth!
Nicht Alles wird hier Frucht, was blüht;

Du trägst, der Erde stummer Gast,
In dir, was nur der Himmel faßt.
Was für und für so ruhelos
Dich dunkel treibt auf deinen Wegen,
Es ist das erste Flügelregen
Des Falters in der Puppe Schooß;
Dir selbst bewußt kaum, ist dein Leid
Ein Heimweh nach der Ewigkeit.

Fragment.

Die Nacht ist lau, die Schwäne kreisen,
Entschlummert scheinen Blüth' und Blatt;
Lehn' dich auf des Geländers Eisen,
Dort zeigt am schönsten sich die Stadt.
Siehst du den Häuserkreis, den dunkeln,
Aus welchem tausend Lichter funkeln,
Und tief sich spiegeln in der Fluth?
So ist's, wenn mit geschliff'nen Kanten
Ein Kranz von blitzenden Demanten
Auf blauem Sammetkissen ruht.

Komm' näher! Sieh', wie hier in Massen
Die Menschenwoge sich ergießt:
Dies sind die Häuser, sind die Gassen,
Wo man erwirbt, wo man genießt;

Von lichtem Kerzenglanz umflossen,
Ruht hier, im Prunkgewölb' umschlossen,
Der fernsten Zonen Schmuck und Zier;
Und horch', aus jenen Säulenhallen
Durch's Klirren der Pokale schallen
Der Gäste Lieder; lauschen wir!

„Laßt Andre beten, Andre fasten;
Für unsre Stirn der Freude Kranz!
Uns führen hunderttausend Masten
Die Götter her: Genuß und Glanz.
Es schafft die Welt an allen Enden
Für unser Fest mit tausend Händen,
Die Wahl des Köstlichsten ist schwer;
Die Hügel zollen süße Weine,
Die Berge geben Gold und Steine
Und seine Perlen gibt das Meer.

Schaut dies Gemach an! Die Tapeten
Hat China bunt uns ausgespannt;
Der farb'ge Teppich, drauf wir treten,
Kommt aus der Smyrnioten Hand;
Das Holzwerk, das geädert glänzet,
Hat einst als laub'ger Wald umkränzet
Den hohen Bord von Martinique;
Antwerpen wob des Vorhangs Sammet,
Und aus Venedigs Spiegel flammet
Die Ampel von Paris zurück.

D'rum laßt uns keinen König neiden;
Für ihn die Macht, für uns die Lust!
Mag er in Waffenschmuck sich kleiden,
In Seiden weicher schläft die Brust;
Mag er um Schweiß sich Ruhm erkaufen;
Was frommt ihm, wenn die Zeit verlaufen,
Der Lorbeerkranz, der Thronen Sturz?
Wir wollen, wo die Tafeln brechen,
Den ros'gen Augenblick verzechen:
Das Grab ist schwarz, das Leben kurz.

Und schafft Musik zum reichen Tische!
Sie fluthe halb gehört dahin,
Und wie ein kühles Bad erfrische
Verhallend sie den heißen Sinn.
Wie lieblich ist's, ihr nachzuträumen,
Wenn in den bildervollen Räumen
Sich Kerzenglanz und Mondlicht mischt,
Und wenn dazu in schäum'gen Strahlen
In weite rothkrystallne Schalen
Aufperlend der Champagner zischt.

Und laßt's an Mädchen, laßt's an losen
Schenkinnen uns gebrechen nie!
Sie sind des Freudengartens Rosen,
Sie sind des Festes Poesie.
Zwei dunkle wollustfeuchte Augen,
Zwei frische Kirschenlippen taugen

Mehr als ein schwer Gespräch zur Lust;
Die Schönheit bleibt des Lebens Giebel,
Und schöner als die schwarze Bibel
Ist einer Dirne weiße Brust!" —

So schwärmen sie. Wohl singt zur Stunde
Der Thurm, der dort so finster steht,
Mit seiner Glocken eh'rnem Munde
Ein Lied, und mahnet zum Gebet;
Doch drunten tost der Jubel weiter,
Es rollen Wagen, jagen Reiter,
Trompeten jauchzen durch die Nacht;
Zu wildern Gluthen schürt der Becher
Den trunknen Uebermuth der Zecher,
Und Niemand hat der Mahnung Acht. — —

Frühlingshymnus.
(Bruchstück.)

O Frühling, Frühling, der in mildem Thauen
Voll Schöpfungswonne du das All durchdringst,
Der du das Meer, den Himmel lässest blauen
Und rauschend mit dem Bach vom Felsen springst;
Der du die Flur mit goldnen Schauern tränkst
Und still in jedes Veilchens Schooß dich senkst;

Der du zum Lied wirst in des Vogels Kehle,
Die jauchzend doch im Aether überfließt,
Als Liebe schleichest in des Mädchens Seele,
Daß schöner, wie du sie im Thal erziehst,
Die rothe Ros' auf ihren Wangen sprießt:
O Frühling, tiefer, süßer Gottesbauch,
Sey mir gegrüßt und fülle du mich auch,
Wie eine Welle leg' dich an mein Herz
Und spüle sanft hinweg den letzten Schmerz.

Du nimmst ihn weg. Es kommt mit deinem Wehen
Ein schönes jugendliches Auferstehen,
Du kleidest nicht den Forst allein in Grün
Und lehrst die junge Brut die Flügel heben:
Mit jedem Laub muß eine Hoffnung blühn,
Um mit den Lerchen sonnenwärts zu schweben.
Ja, zu den Gräbern seh' ich fromm dich schreiten,
Die thau'gen Opferspenden drauf zu breiten,
Als wolltest du mit Kränzen und mit Zähren
So Gram als Tod in Herrlichkeit verklären.

O Zeit, wo Rosen auf den Grüften stehn,
Und wir den Tod selbst Blüthen tragen sehn!
Da mag das Herz, nicht mehr der Sorge Raub,
Den Kirchhof der Geschichte fromm betreten,
Und Frühling ahnend in vermorschtem Staub
Getrost an halbversunknen Mälern beten;
Es fühlt, kein Fünkchen Staub ist unverloren,
Die Blüthe fällt, doch auch das Samenkorn,
Der Fels zerbirst, doch ihm entwallt der Born,
Und aus der Lava wird der Wein geboren.

* * *

So denk' ich dein zuerst im Todtenfeld,
Mein Hellas, blühend Jugendland der Welt,
Wo unter sel'gem Himmel ohne Neid
Der Baum emporwuchs holder Menschlichkeit;
Wo wie im Busen der gewölbten Laute
In jeder Seel' ein tiefer Wohllaut schlief,
Wo jede Trauer den Altar sich baute
Und jede Lust nach ihrem Gotte rief;
Du heilig Land, an dessen Sonnenküsten
Die Schönheit stieg, da sie das Meer gezeugt,
Und dessen Kinder sie an Götterbrüsten,
Die jungfräuliche Amme, groß gesäugt.

Ja, Sie, die Göttin, war's, die ihre Weihen
Verschwendrisch ausgoß auf die Säulenreihen,
Von der ein Schimmer auf des Kindes Spiel
Wie auf die braune Stirn des Helden fiel;
Ihr Walten war's, wenn an Alpheus' Strand
Im Staub der Rennbahn, hoch vor allem Volke,
Der Rossenlenker auf dem Wagen stand,
Dem jungen Phöbus gleich in seiner Wolke, —
Ihr Walten, wenn der todte Marmorstein
Erröthend in das Leben jauchzt' hinein;
Wenn, ein Gewitter, von des Redners Stuhle
Der heil'ge Eifer zürnend sich ergoß,
Und wenn im Oelwald vor der frommen Schule
Ein hold Gespräch von weiser Lippe floß;
Ihr Walten war's, wenn bei den Thermopylen
Den Helm bekränzt, im frohen Festgewand,

Das Auge lächelnd die Dreihundert fielen,
Ein freudig Opfer für das Vaterland;
Wenn dann, von solchem Segen übervoll,
Ein großes Lied aus trunkner Seele quoll
Und, während andachtsvoll die Menge lauschte,
Von selbst der Lorbeer in die Strophen rauschte.

Und doch versunken? — Ja. Die Form zerbrach,
Da länger nicht der Geist den Segen sprach,
Da dein Geschlecht im Fieber der Partei'n
Den heißen Stahl in Bruderblute kühlte
Und frech mit ihm dein eigen Herz durchwühlte;
Da zogen aus die Götter — Philipp ein.
Dein Genius aber sang sein Schwanenlied
Im Donner des Demosthenes, und schied.

Doch nicht für alle Zeiten. Nein, o nein!
Mein Hellas, du bist unser, du bist mein.
Jung und unsterblich schreitet deine Sage
Mit blüh'nden Lippen noch durch unsre Tage;
Allüberall, wo Großes soll erstehen,
Geht von dir aus ein schöpferisches Wehen;
Dem Künstler bist du, bist dem Sänger nah,
Und wie dereinst aus goldnem Henkelkruge
Die königliche Maid Nausikaa
Den Dulder tränkt' auf seinem Wanderzuge:
So tränkst du, will's in unsern Brunnen fehlen,
Mit Schönheit und mit Freiheit unsre Seelen,

Mit jener Freiheit, welche Plato zeugt,
Für die geblutet Aristides' Wunden,
Die groß und still sich vor den Göttern beugt,
Weil sie das Göttlichste, das Maß, gefunden. —

Deutschland.
1849.

Ein Jahr lang rangest du in bittern Wehen
Gleich einem Weibe, das da will gebären,
Hinströmen sah ich deine blut'gen Zähren,
Und deine Seufzer, Deutschland, hört' ich gehen.

Wohl trug ich Leid, dich so in Qual zu sehen,
Doch Eine Hoffnung wagt' ich fromm zu nähren,
Es werd' aus deines Schooßes dunklem Gähren
Die Eintracht wie ein lächelnd Kind erstehen.

Mich trog ein Wahn. Dein Weinen ging verloren,
Verloren alle Noth, so du erlitten;
Doch die darüber jauchzten, acht' ich Thoren.

Denn Ahnung sagt mir, stets umsonst bestritten,
Nun werde solche Frucht einst ungeboren
Mit scharfem Stahl aus deinem Leib
        geschnitten.

Inhaltsverzeichniß.

	Seite
Biographie	5
Ausgewählte Gedichte.	
Das sterbende Kind	11
Minnelied	12
O stille dies Verlang'n	15
Wenn die Sonne hoch und heiter	16
Sind die Sterne fromme Lämmer	17
Die stille Wasserrose	18
Rühret nicht daran	19
Traumkönig und sein Lieb'	20
Der Itgeunerbube im Norden	22
J'g unerleben	24
Gondoliere	25
Abendfeier in Venedig	26
Der junge Tscherkessenfürst	27
Friedrich Rothbart	30
Von des Kaisers Bart	32
Waldmährchen	35
Aus den Juniusliedern. Sey getrost	38
Kriegslied	39
Die Sonnenblume	40
Melusine	42
Der Troubadour	43

	Seite
Gebet	51
Nachts am Meere	52
Heimweh	54
Das Negerweib	57
Italien	60
Lied des Corsaren	63
Der Alte von Athen	65
Eine Septembernacht	69
Wie König Sigurd Hochzeit hielt	74
Aus dem Trauerspiel König Roderich	79
Der Knabe mit dem Wunderhorn	91
Vorüber	93
Spielmanns Lied	94
Herbstgefühl	96
O Jugendzeit!	97
Wie es geht	98
Cita mors ruit	100
Wenn sich zwei Herzen scheiden	101
Morgenwanderung	102
Den Verneinenden	103
Mein Weg	104
An Georg Herwegh	105
Hoffnung	108
Das ist's	109
Ich sah den Wald sich färben	110
Herbstlich sonnige Tage	111
Das Geheimniß der Sehnsucht	113
Fragment	115
Frühlingshymnus	118
Deutschland	122

Anzeige.

Vom 1. December dieses Jahres an wird im Verlage des Bibliographischen Instituts erscheinen und es ist gegenwärtig die Subscription dafür aller Orten und bei allen Buchhandlungen eröffnet:

Meyer's Volks-Bibliothek
der Länder-, Völker- u. Naturkunde
für alle Stände.

In halbmonatlichen broschirten Bänden von 200 Seiten zu nur 4 Sgr. = 14 Kr.

In jedem gesunden Menschen, im Bauer, wie im Fürsten, brennt ein ewiger Durst nach Erweiterung seines Könnens und Wissens, und das Streben nach vielseitiger und gründlicher Bildung ist zu keiner frühern Zeit so allgemein gewesen, als gegenwärtig. Es gab Jahrhunderte, und sie liegen uns nahe, wo die Menschheit mit gebundenen Augen geführt wurde von einem Gefängniß der Seele in's andere; es gab Jahrhunderte, und sie sind nicht fern zu suchen, wo der Aberglaube Gespenster poltern hörte jede Nacht, und der Schutzgeist des Aberglaubens — die Unwissenheit — das Volk hütete mit Argusaugen vor jedem

Strahl des Wissens. Aber diese Zeit ist in den Abgrund der Vergangenheit gesunken, und die schwarzen Zauberer, die da versuchen, diese Zeit in die Gegenwart zurückzuführen, sind Narren und werden mit ihrer Kunst zu Schanden werden. Das entschleierte, vom Staar befreite Auge wird nicht wieder blind gemacht durch die Rauchwolken, die von den Altären der todten Götzen dampfen. Der Morgen der wissenschaftlichen Belehrung, der Aufklärung, der geistigen Freiheit und Gleichheit ist angebrochen für alles Volk, und diesem Morgen folgt der helle Tag, nicht die dunkle Nacht. Keine Macht der Erde, keine Gewalt, kein Trug und keine Arglist können diese Thatsache aus dem Bewußtseyn des Volkes reißen, und je mehr Hindernisse die Entwickelung findet, je größere Kraft wird sie erhalten, je rascher wird sie vor sich gehen. Ein Blick auf unsern Büchermarkt ist schon zum Beweis genügend. Die Träger der ernsten Wissenschaft sind von ihren Kathedern herabgestiegen auf die Straße, um das Volk zu lehren, und Männer, wie Humboldt und Ritter, Herschel und Arago, tragen die Resultate ihrer Forschungen in den Räumen der Erde und des Himmels in Schriften vor, die jedem Laien verständlich sind, und sie finden darin einen Theil ihres Ruhms. Was aber durch Unterricht in dieser Weise gegenüber den Bestrebungen der Dunkelmänner zu erreichen ist, das sehen wir am augenfälligsten in Amerika, wo die Gleichberechtigung, die allen Parteien freie Hand läßt, ihre Kraft zu üben und Propaganda zu machen, natürlich auch den Streitern für Verdummung und Aberglauben die Schranken öffnet. Dort sind die Bestrebungen der Letztern bereits an dem letzten Stadium ihrer Nichtigkeit, an dem der Lächerlichkeit angekommen; während man auf der andern Seite gewahrt, wie die amerik. Volksbildung sich fortwährend mittelst einer täglich wachsenden Zahl der vortrefflichsten Schriften die Früchte aller Wissenschaften aneignet.

Der Herausgeber dieser Volksbibliothek für Länder-, Völker- und Naturkunde hat die nächste Veranlassung dazu in der Thatsache gefunden, daß nirgendwo das Bedürfniß und das Verlangen nach gründlichem Unterrichte in den Gebieten des menschlichen Wissens in allen Klassen lebendiger und frischer sich kund thut, als in dem deutschen Volke. Bei dem Reichthum des vorhandenen Materials liegt das Verdienst der rechten Lösung seiner Aufgabe zumeist in der richtigen Wahl. Was der Fleiß der Forscher zu Tage förderte in dem Kreise der Wissenschaft für die Zwecke des allgemeinen Volksunterrichts, wird er zusammentragen, und wo es nöthig ist, zurichten und verarbeiten. Er will ihre wissenswürdigsten Resultate, gleichsam in Rahmen gefaßt zu einer Bildergallerie für die Erd- und Himmels- und Naturkunde, zusammen stellen, und dem Käufer der Bibliothek ein Hülfsmittel zum angenehmsten und unterhaltendsten Selbststudium in die Hand geben, wie es noch nicht da ist in solcher Form und Zweckmäßigkeit. Die lebendigsten Darstellungen zuverlässiger Reisenden, älterer wie neuerer Zeit, sollen den wissensdurstigen Blick über die ganze Erde führen, und das Menschen- und Völkerleben mit seiner Sitte und seiner Eigenthümlichkeit in jeder Beziehung wird überall als Spiegel dienen, die eigenen Zustände zu prüfen und die Vorstellungen darüber zu berichtigen. Die Naturbilder aber sollen, ohne das künstlerische Walten des großen Meisters zu verbergen, dem Leser immer gegenwärtig halten, daß zwar jede Naturerscheinung eine Welt für sich im Kleinen ist, aber sie immer zum Weltganzen gehört — in ihm untheilbar. A. v. Humboldt hat in dieser Beziehung dem menschlichen Verstand eine neue Welt aufgeschlossen, umfassend alle Gebiete der Schöpfung, die Tiefen des Meeres, wie die grenzenlosen Weiten des Himmels. Seit dem Erscheinen von Humboldts Cosmos kamen ähnliche Werke in Menge dem Wissensdrange entgegen. Wir werden sie für die Bibliothek alle benutzen. — Karten, Pläne, Landschafts- und Städteansichten, und Illustrationen der physikalischen Weltbeschreibung, so wie naturgeschichtliche Abbildungen aller Art, werden nicht nur dazu beitragen, den Zweck, Belehrung mit Unterhaltung zu verbinden, vollkommner zu erreichen, wir werden auch den Sinn für schöne Form in stylistischer Beziehung befriedigen. Der unerhört billige Preis würde ganz unmöglich seyn bei so kostspieliger Ausstattung des Werks, wenn wir nicht auf die Theilnahme eines sehr grossen Publikums rechnen dürften. Wir wagen es mit dem Vertrauen, das sich bei unsern populären Unternehmungen noch allemal rechtfertigte. Besonders glauben wir der Jugend damit zu nützen, welche durch den Schulunterricht in einseitige Richtungen gedrängt wird, und nicht minder dem Manne, den Beruf und Lebensverhältnisse hindern, in seiner Bildung jene Lücken auszufüllen, die es ihm so schwer machen, den Fortschritten der Zeit zu folgen.

Subscribentensammlern das 11. Exemplar gratis.